ESQUISSES

DE

MŒURS NAPOLITAINES

par

JULES LEGNEUX.

NICE,

IMPRIMERIE CAISSON ET MIGNON.

—

1867.

ESQUISSES

DE

MŒURS NAPOLITAINES.

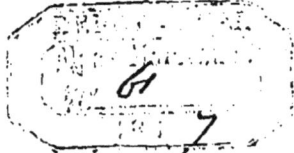

ESQUISSES

DE

MŒURS NAPOLITAINES

par

JULES LEGNEUX.

NICE,

IMPRIMERIE CAISSON ET MIGNON.

—

1867.

A mon Neveu

Frédéric Lacave,

Avocat à Paris,

Témoignage de bien vive amitié.

JULES LEGNEUX.

Nice, août 1867.

PRÉFACE.

~~ֱ⁓⁕⁓~~

L'imagination est une grande vagabonde qui ne connaît ni patrie, ni maître; Montaigne l'a baptisée « la folle du logis, » expression aussi juste que pittoresque! En effet, n'aime-t-elle pas toujours à galoper à travers le champ des illusions et des conjectures? n'aime-t-elle pas à se perdre dans les horizons lointains sans savoir où le vent la poussera?

Bienheureuse quand elle songe à se reposer et à recueillir les fruits de sa course insensée: — alors elle les sème aux quatre vents, elle les jette sans choix à qui veut les prendre. — C'est la vierge folle qui livre au premier passant sa jeunesse, sa beauté, sa vie.

C'est encore ce bohémien de Naples, ce lazzarone, tantôt soldat, pêcheur ou mendiant, tantôt sbire, sacristain ou bandit; aujourd'hui libre, demain esclave. — Le monde change autour de lui sans qu'il s'en émeuve; tout croule excepté ses idoles, excepté son Vésuve, sa Pompeia ressuscitée, sa Pouzzole, son Pausilippe, son Virgile, sa Madone et St Janvier!

Otez-lui ces dieux-là, il ne croit plus à rien. Il les adore, il les chante, et le jour et la nuit, sur tous les tons, sur tous les rythmes. Ces chants de joie, de folie et d'amour, ce sont les lazzaronades.

Nous allons donc essayer de parler comme ils chantent.

Baie de Naples.

Samedi dernier, à quatre heures du soir, je m'embar-
quai à Livourne sur le· *Carmel*, excellent paquebot à
vapeur des messageries impériales, faisant route pour
Messine; hier nous avons touché Civita-Vecchia, nous y
avons passé la journée entière, mais les passagers n'ont
pu descendre à terre; nous n'eûmes pour nous distraire
que la vue de quelques tristes soldats du pape, qui se
promenaient gravement l'arme au bras devant le fort qui
est au bord de la mer, tandis que d'autres, un peu plus
loin, se querellaient et se révoltaient contre leur chef;
ainsi que le spectacle de quelques jeunes enfants de pêcheurs, âgés à peine de 10 à 12 ans, qui, pendant une
grande partie de la journée, malgré l'ardeur du soleil,
vinrent nager et plonger autour de notre bateau en souriant et en faisant signe aux passagers de leur jeter quelques baïoques ou petites piécettes d'argent qu'ils allaient
chercher à une très-grande profondeur au fond de la
mer et rapportaient dans leur bouche. Ils sont vraiment
très- habiles pour ce genre d'exercice, qui est, je crois,
leur principale industrie pendant l'été.

Le soir on leva l'ancre et nous voguâmes sur Naples: --
la nuit était calme et belle comme une nuit d'Orient, -- les
étoiles scintillaient dans le bleu du ciel, la lune innon-
dait de ses rayons argentés les flots azurés, une douce

et vivifiante brise gonflait la voile du navire qui s'ouvrait avec grand bruit une route au milieu des flots et laissait un long sillage d'écume après lui.

Appuyé contre le bastingage du bateau, je passai toute la nuit sur le pont à contempler, avec une mélancolie remplie de charmes, ce spectacle sublime de la création qui vous porte au recueillement et vous élève l'âme vers Dieu.

Mais dès que les premiers rayons du soleil levant empourprèrent l'horizon, nous distinguâmes le rivage de Gaële, avec les dômes étincelants de ses églises et de ses palais, et ses verdoyantes collines semées de villas dont les vastes jardins, couverts d'orangers et de fleurs, descendent en cascades jusque sur le bord de la mer.

Qui aurait dit alors en voyant cette ville si calme et si rayonnante, se mirant coquettement dans les flots bleus de la Méditerranée, qu'elle n'offrirait dans quelques semaines que ruines et désolation, après le long et terrible bombardement des troupes piémontaises, chassant le roi des Deux-Siciles et ses soldats jusque dans leurs derniers retranchements!

Peu de temps après l'île d'Ischia avec son terrible volcan de l'Eponée, autre Vésuve toujours fumant et menaçant d'anéantir l'île entière. — C'est la plus grande du golfe. — Ses sources thermales, ses bains, ses étuves, la douceur de son ciel, les magnificences de sa végétation en ont fait le rendez-vous du monde élégant de Naples pendant la saison des eaux. — Comme à Nice, les étrangers y viennent de tous les coins du monde, pour chercher à recouvrer sous ce beau ciel une santé perdue.

Tout près de là est l'île de Capri (*Caprée*), rocher célèbre dans nos fastes militaires par la victoire qu'y rem-
porta le général Lamarque sur les Anglais retranchés
dans la citadelle regardée jusque-là comme imprenable.

C'est aussi dans cette île pittoresque que se trouve la
célébre grotte d'azur, qui est une des merveilles de ce
beau royaume de Naples. — L'air, l'eau, les parois du
rocher, tout ce qui vous entoure est d'un bleu d'azur
magnifique, mais chose étrange et bizarre, si quelqu'un
plonge dans cette eau si pure il paraît plus noir qu'un
démon.

On y trouve encore quelques ruines assez belles qui
rappellent le triste séjour du cruel Tibère. — Une chose
encore assez digne de remarque, c'est que les habitants
de ces îles ont conservé le type grec; ils ont la pureté
des lignes qui fait l'admiration des artistes.

Nonobstant toutes ces beautés grecques qui me fe-
raient volontiers penser à l'hôte illustre de l'île de Calypso, je ne saurais, au moins par la pensée, m'arrêter
davantage à ce préambule et imitant le vapeur qui ne
fait qu'effleurer les terres où il n'a point à séjourner,
j'aborde immédiatement Naples, Naples la plus importante ville d'Italie ! !...

Baie de Naples, 20 août 1860.

ERRATA.

—

LETTRE III. — Après le titre:

Physionomie des rues de Naples

vient ce sous-titre:

Le jeu de la *mora*. — *I carroccioli*. — Les *acquaioli.*— Les *spadiavolles* ou changeurs. — Longueur des macaronis ou *bambino* et caniche.

LETTRE IV. — Après le titre:

Physionomie des rues de Naples (*fin*)

doit suivre ce sous-titre:

Des pâtes sous toutes formes. — *Alberghi o tavernai.* — Étalage *religioso-mercantile.* — *Mio porco!*

ESQUISSES

des

MŒURS NAPOLITAINES

LETTRE Ire

Préambule intime.

J'acquitte enfin, mon cher Frédéric, la promesse que je t'avais faite depuis si longtemps d'écrire pour toi quelques-unes de mes impressions de voyage. A ce mot impressions de voyage je te vois sourire. Il est impossible en l'entendant de ne pas se rappeler les beefteacks d'ours, bosses de bisons, nids d'hirondelles, etc., servis sous ce titre en pâture à l'avidité de leurs lecteurs par beaucoup d'écrivains dont la plupart se sont donné leurs impressions prétendues de voyage fort commodément assis dans leur fauteuil et sans s'être beaucoup éloignés de leur cabinet de travail. Ce qui voyageait chez ces auteurs, c'était beaucoup moins leurs jambes que leur imagination, et qui dans eux se donnait de gaieté de cœur la plus libre carrière. Néanmoins ils n'ont point été sans mérite, en trouvant le moyen d'intéresser leur

2

lecteurs à leurs aventures imaginaires et de les émo-
tionner et les faire frémir sur des périls et des catas-
trophes dont ils avaient d'avance calculé toutes les
péripéties. En ce genre de voyage, notre grand Alexandre
Dumas — qui n'en est pas moins un forcené voyageur
— est, de l'aveu de tous, depuis longtemps passé maître.
Si ce n'était que pour lutter d'imagination avec un
pareil rival, tu le comprends, mon cher Frédéric, je me
garderais bien de prendre la plume. — Mais tu le sais,
ce sont de vrais voyages dont j'ai à t'entretenir. Les
impressions que j'ai à te communiquer, je les ai bien
véritablement éprouvées et senties. Les notes auxquelles
j'emprunte ces souvenirs, je les ai écrites dans les lieux
mêmes dont je parle et sous l'influence alors présente
de mes émotions du moment. Je les relève sans pré-
tention, mais croyant pourtant qu'elles pourront t'intéresser par leur vérité même. Mon but principal en les
écrivant est de me révéler davantage à toi-même, afin
de rendre, s'il est possible, plus intime encore entre
nous une amitié qui déjà a fait dans un autre temps
de l'oncle et du neveu, malgré quelque différence d'âge,
comme deux camarades et deux frères. Je n'ai aucune
ambition de t'imposer les leçons de ma propre expérience. Cependant, si quelqu'une de mes pensées ou de
mes manières de voir et de sentir peuvent faire luire
à tes yeux quelques clartés utiles à ton bonheur, ce
sera pour moi une des bonnes satisfactions de ce petit
travail.

Eh ! qui ne peut profiter en quelque point des pensées et de l'expérience d'autrui ?

Cela posé, mon cher Frédéric, je me hâte de commencer.

Te dire pourquoi j'ai voyagé, pourquoi, doué de l'indépendance que donne une certaine fortune, j'ai abandonné, pour les fatigues et les hazards d'une vie nomade, la douce sécurité de mon foyer de Paris, m'éloignant volontairement des joies et des enivrements de cette capitale, ce serait sans doute te répéter ce que tu as compris aussi bien que moi.

Le moyen de rester en place avec une imagination comme la mienne, toujours avide de fantastique et d'idéal, trouvant toujours froides et monotones les émotions les plus vives de la réalité, parce que ses rêves lui en ont créé de mille fois plus suaves et plus brillantes, dont en effet aucune réalité ne peut approcher! Et puis quelle merveille ai-je trouvée: la satiété et la lassitude de corps et d'âme sous ce ciel gris et terne de Paris, qu'éclaire à peine une apparence de soleil pâle incapable de sécher complètement la boue ordinairement liquide du macadam, moi à qui mes rêves d'alors présentaient sans cesse le fantastique et attrayant mirage de ce ciel splendide où rayonne dans une atmosphère de feu le radieux et chaud soleil de l'Orient! Émaille ces rêves des suaves apparitions d'odalisques et de houris de sève franche et vigoureuse, dont mon imagination se plaisait à peupler les pays aimés du soleil, et pense si je pouvais davantage être retenu par les attraits flétris de ces poupées maquillées qu'on est convenu d'appeler les femmes à la mode de votre monde parisien.

Mon cher Frédéric, tu vois déjà combien j'étais peu
né pour suivre les sentiers battus de la vie calme et
régulière. Loin de là, dévoré du besoin de l'idéal, j'avais
soif de ces émotions fiévreuses que donne l'imprévu,
l'inattendu, le bizarre. Mon esprit quelque peu blasé
avait abandonné les rênes à mon imagination qui lui
imposait en despote ses furieuses mais mobiles fantaisies. Me vois-tu emporté par cette folle et capricieuse
monture me lançant à fond de train à travers la Suisse,
l'Allemagne, l'Italie, et toutes nos possessions d'Afrique,
tantôt m'élevant à l'aide du bâton ferré aux plus hauts
pics de la Young-frau, ou des glaciers du Rutlli; tantôt
suivant à pieds, sous un soleil brûlant, les routes pou-
dreuses de la Provence ou de la Lombardie; tantôt encore me faisant ballotter sur les flots soulevés de la
Méditerranée; tantôt vivant sous la tente de l'Arabe ou
me mêlant à la caravane en route pour le désert.

Telle depuis mon départ de Paris avait été ma vie à
laquelle, du reste, l'ont déjà suffisamment initié mes
lettres de cette époque. Pendant cette première excur-
sion, je me trouvais mêlé, comme tu le sais, aux agita-
tions et à tout le mouvement de notre glorieuse campagne
d'Italie. Je pus voir à Milan l'enthousiasme qui accueillit
notre armée libératrice, alors que les populations italiennes, encore sous la pression de la terreur autrichienne,
couvraient littéralement de fleurs nos soldats dont le
dévouement leur apportait au prix de leur sang l'affran-
chissement de tout joug étranger. Hélas! depuis cette
époque, cette population mobile a un peu trop oublié

que sans nous l'autrichien lui tiendrait encore la tête
courbée sous son talon brutal. Mais enfin l'enthousiasme
d'alors était de bon aloi. Cependant, dans ce premier
voyage, j'avais négligé toutefois de voir Naples, me sou-
ciant peu de m'exposer à l'inquisition policière du gouvernement soupçonneur des Bourbons, alors en possession
de cette capitale, et déjà j'étais à Marseille pour revenir
à Paris, quand tout à coup les journaux m'apprennent
que le canon de l'indépendance venait de tonner sur
les États napolitains. François II et son gouvernement
était en fuite, et avait cherché un refuge momen-
tané derrière les bastions fortifiés de Gaëte. Comme
chez nous Caussidière en 1848, Garibaldi maître de Naples, sans coup férir, s'efforçait de son mieux, mais sans
beaucoup y réussir, de faire de l'ordre avec le désordre.
C'était une rude tâche, chez une population sans vigueur
et sans initiative, qui ne savait qu'imposer à ses gouvernants la tâche difficile à la fois de le nourrir et de
l'amuser. La pensée et la prévision du tohu-bohu dans
lequel devait s'agiter le dictateur, fut précisément ce qui
me décida à retarder mon retour à Paris et à partir pour
Naples. Seulement sachant qu'en ce moment Garibaldi
assiégeait et bombardait Messine, ce fut précisément
vers cette place que je me dirigeai d'abord. Nous pas-
sâmes sous le feu même des bombes du dictateur, qui
malgré notre pavillon français, ne s'interrompit point à
notre passage, et ce ne fut pas sans une certaine émotion que nous entendîmes siffler au-dessus de nos têtes
ces projectiles meurtriers quelques mètres à peine plus

haut que les mâts de notre navire. Malgré cela nous entrâmes dans la place assiégée et pendant plusieurs jours nous pûmes jouir à notre aise du spectacle du bombardement et des transes émouvantes que nous causait le danger incessant d'incendie et autres agréments accessoires du siège. Toutefois, comme le jeu paraissait s'échauffer un peu trop violemment, nous ne vîmes aucune honte à quitter la partie, qui du reste ne se jouait point pour notre compte, et laissant Messine, nous nous dirigeâmes subitement vers Naples.

C'est de cette dernière ville, mon cher Frédéric, que j'ai à t'entretenir, y ayant séjourné pendant un certain temps, j'ai pu l'étudier tout à mon aise. Je puis donc te donner à son sujet et sur tout le peuple napolitain bon nombre de détails qui m'ont paru curieux et dignes d'intérêt. Tu en jugeras. Pour moi j'y ai trouvé tant de différence avec nos mœurs et nos habitudes françaises, que cette différence m'a paru susceptible d'exciter la curiosité et de mériter une étude spéciale. Ce sera l'objet de ma lettre suivante et de mes prochains récits. Attends-les donc, mon cher Frédéric, et à bientôt.

Ton oncle et ami.

LETTRE II.

Naples à vol d'oiseau.

C'est surtout vue de la mer que Naples présente son aspect le plus imposant et le plus pittoresque. De là s'élève et se déroule dans tout son charme et toute sa majesté cet immense amphithéâtre de ruines, de monts, de bois, de maisons, d'églises, de chapelles et de forts, derrière lequel se dresse à l'horizon, dominant tout cela, la vaste masse du Vésuve, aux pentes grisâtres, élançant vers le ciel, des deux pics élevés qui lui servent de bouches, deux hautes colonnes de fumée que l'obscurité de la nuit change en une flamme rougeâtre et sombre, menace incessante de mort pour cette population insoucieuse qui dans son indifférence donne à peine de temps en temps à ce spectacle grandiose et terrible une légère attention.

Encore faut-il pour cela que la hauteur inusitée du jaillissement de cette flamme nocturne ait rendu cette menace plus prochaine, en projetant au loin sur la montagne, sur la ville et sur tout le golfe un immense reflet embrasé. Alors seulement à cette lueur sinistre, l'habitant se rappelle que là, sous le sol que foule son pied, dorment englouties des villes autrefois florissantes que

les torrents de feu, jaillis de la montagne, ensevelirent à
diverses époques sous une lave liquide et brûlante. Et
encore même dans ces instants d'angoisses c'est à peine
s'il s'émeut de ces souvenirs sinistres. Que dis-je? C'est
en de tels moments surtout que son âme poète se laisse
captiver par la grandeur du spectacle, et en oublie les
dangers pour n'en proclamer que la beauté.

C'est, du reste, pour un artiste un spectacle sublime et
on peut dire hors de toute description que cette vue
terrible, heureusement assez rare du Vésuve en fureur,
et je ne m'étonne point que Pline l'ancien, comme le rap-
porte son neveu, par admiration s'y soit laissé entraîner
au point de perdre la vie. Toutefois le site de Naples n'a
pas besoin de ce redoutable auxiliaire pour charmer et
captiver une âme enthousiaste. Je ne parle pas seulement de cette belle et vaste mer bleue qui forme son
golfe et dont l'azur, souvent confondu à l'horizon avec
celui du ciel, tantôt se raie de voiles blanches nombreuses qui de loin semblent les ailes de mouettes
gigantesques se balançant sur la crête des flots ; tantôt
resplendit du miroitement de milliers de paillettes dont
le saupoudre à l'heure de midi un soleil de feu étincelant,
au milieu d'un ciel embrasé et blanc comme les parois
d'une fournaise; tantôt se brunit de tons verdâtres,
puis se ride de plis nombreux qui bientôt, sous l'effort
du vent d'Afrique, vont se soulever en vagues écuman-
tes, pour ensuite se déchirer et se creuser en abîmes
profonds ; je passerai sous silence aussi, si tu le veux,
cette riche ceinture que font à la mer, dans une étendue

de plus de six lieues, les élégants et pittoresques villages
de *Portici*, *Resina*, *Torre del Greco*, de *l'Annunziata*, de
Castellamare, de *Sorrente*, etc., parés de leurs bouquets
de verdure, du milieu desquels s'élèvent de gracieuses et
riches villas d'architecture coquette et variée. Non que
je veuille nier, à ce point de vue l'admirable supériorité
du site napolitain sur peut-être tous les autres sites du
monde, mais là n'est pas précisément ce qui rend ce site
si féerique et si enchanteur, qu'on a pu proclamer
qu'après l'avoir vu il n'y avait plus qu'à mourir. —
Veder Napoli, poi morir.

Avant mon arrivée à Naples, malgré toutes mes dispo-
sitions enthousiastes, je me sentais, je te l'avoue, mon
cher Frédéric, quelque peu incrédule à l'endroit de ce
proverbe; j'étais même assez disposé à ne le considérer
que comme une des exagérations habituelles à la gloriole
et à l'emphase du génie italien. Il a fallu ma propre expérience pour me convaincre que cette fois son enthousiasme n'était point au-dessus de la réalité.

Il y a quelque chose de magique dans le resplendis-
sement de l'atmosphère napolitain. La grande merveille
de tout le site napolitain c'est cette splendide lumière
dont il est éclairé. Cette lumière, aux jeux variés tant
dans l'atmosphère que sur le sol, projette sur tout ce
tableau comme une magique clarté qui l'illumine de
reflets fantastiques et étranges; tous les plans semblent
confondus et sont déroutés par l'éloignement; une vapeur pourprée empreint l'air, la terre, les eaux, confond
toutes les teintes, et donne aux objets des apparences

trompeuses, des formes inconnues, un éclat qui étonne, éblouit et fascine. De là pour tout le paysage un ensemble d'aspect grandiose et en quelque sorte surnaturel, tel qu'on le croirait créé par la baguette magique d'une fée. Aucune plume, aucun pinceau ne pourrait rendre ou exprimer cet aspect, auquel on ne peut croire même lorsqu'on l'a sous les yeux, et qui vous laisse la pensée d'être le jouet d'un songe, d'un mirage ou de quelqu'une de ces hallucinations produites par le *hatchich.*

Que de fois m'abandonnant à un doux *far niente,* tantôt mollement assis sur une barque me laissant bercer par les lentes ondulations de la vague, tantôt paresseusement étendu sur la grève, avec la vaste nappe de la mer devant moi, je me suis livré au charme des rêveries que suggèrent à la pensée le vague enchantement de cette lumière et ses jeux bizarres, heureux de me sentir vivre, et sans demander d'autre béatitude que le calme repos de cette lumière dont je me sentais inondé

Tel apparaît le paysage de Naples à l'amateur, à l'artiste qui l'envisage à distance et dans son ensemble : un pays féerique, un rêve enchanté des Mille et une Nuits. La ville nouvelle, splendide et avec sa magnifique plage de la *Chiaja,* sa large et belle rue de Tolède, son château neuf, son palais du roi et autres, ne dément pas ces premières impressions. Mais dès que l'on pénètre dans la ville ancienne c'est un tout autre effet. A la vue de ces rues tortueuses, de ces ruelles bordées de maisons dont les façades font une exposition permanente de provisions et de haillons, au milieu desquels s'agite une population

pauvre et misérable, on est forcé de descendre de son
ciel enchanté. Là s'arrêtent les rêves : l'idéal, la réalité
vous étreint de sa main de fer pour vous retenir sur son
seuil, et l'on retrouve ce triste fruit de l'incurie des populations italiennes de la basse classe : la malpropreté et la
misère. Et cependant éclairée par ce beau soleil, cette
misère-là n'est pas sans poésie. Ces haillons que relèvent
des couleurs éclatantes ne sont pas dépourvues de pittoresque. Je dirais même qu'ils ne sont pas portés sans
une sorte d'aisance et de dignité. La misère même la plus
extrême, sous ce ciel clément qui laisse à l'homme peu de
besoins, n'a pas cet air souffreteux et désolé qui la caractérise dans nos climats rigoureux du Nord où tout est
pour le malheureux une occasion de souffrance : l'humi-
dité de l'air, la fraîcheur de l'atmosphère, les réclama-
tions de l'estomac qui y sont d'autant plus fréquentes et
impérieuses, vu la nécessité de combattre par la vi-
talité du dedans la rigueur et l'inclémence du dehors.
Ici rien de semblable. L'air sec et chaud laisse à peine le
besoin de vêtement et d'abri. Aussi beaucoup de gens du
peuple considèrent-ils l'un et l'autre comme un superflu
et un luxe dont ils ne font pas faute de se priver, la plupart n'ayant que le vêtement indispensable, marchant
pieds nus et vivant à l'air et beaucoup y dormant même
sur les marches des palais ou des églises ou sur les bancs
des promenades publiques. Quant à leur nourriture,
comme ni leur activité, ni le besoin de réaction ne sti-
mule leur digestion, deux sols de macaroni les font vivre
toute une journée. Aussi, sans souci ni préoccupation de

leur vie matérielle, les voit-on s'enivrer à loisir de cette
poésie qui rayonne partout autour d'eux : dans le ciel,
dans l'air, dans la splendeur de leur soleil, dans les jeux
multipliés de la lumière, dans la richesse de végétation de
leur sol, dans la capricieuse mobilité de leur mer. . . .
Cette poésie, ils la reflètent par la vivacité de leur imagination et l'énergie pittoresque de leurs gestes, de leur
langage, leur étonnante facilité d'improvisation dans
une langue cursive et pourtant harmonieuse où se retrouve parfois la richesse d'idée et d'expression des
grands poètes.

A ce peuple ainsi bercé et élevé au milieu des plus
riches splendeurs de la nature, que faut-il ? Rien que ce
que demandaient à leurs gouvernants les anciens Romains, *panem et circenses*, du pain et des spectacles. Mais
des spectacles surtout, les émotions de l'intelligence et
de l'âme. Car tu l'as vu, c'est si peu de chose que
ce que réclame son corps qu'à peine s'il en doit être
question. D'un tel peuple on fera facilement des poètes,
des peintres, des sculpteurs, des artistes. Vainement
voudrait-on en faire des industriels. Cet art, cette poésie
qui déborde dans toutes les manifestations extérieures
des populations napolitaines, avait trouvé dans les temps
et les mœurs antiques de la domination romaine un libre
essor. Il suffit, pour s'en convaincre, de voir l'immense
quantité d'objets d'art extraits des fouilles d'Herculanum
et de Pompei. A cette époque l'art, et un art d'un goût
fin et gracieux, embellissait jusqu'aux objets les plus
grossiers, jusqu'aux ustensiles de l'usage le plus vulgaire,

tellement dans ce peuple était inné le besoin de voiler la
réalité par les idéales et capricieuses fantaisies du rêve
C'est ce que tu reconnaîtras de plus en plus, mon cher
Frédéric, par les quelques détails que j'ai l'intention de
te donner sur les mœurs et les habitudes intimes de ce
peuple, de l'aveu de tous très-curieuses à étudier. Ce
sera l'objet de quelques autres lettres.

Pour le moment je clos celle-ci déjà assez longue, en
te serrant fraternellement la main. A bientôt.

LETTRE III.

Physionomie des rues de Naples.

Me voilà donc, mon cher Frédéric, dans cette belle et grande ville qu'on appelle Naples, et sous ce ciel bleu et splendide dont je t'ai parlé dans ma dernière lettre. Quelle vie, quel mouvement, quels cris tumultueux et bizarres, quelle cohue de foule ardente et empressée! Suis-je en pleine émeute, suis-je chez des fous, telle est la première réflexion qui se présente à mon esprit. Il est impossible au voyageur débarquant à Naples de rien comprendre à ces manifestations étranges de clameurs, de gestes, d'imprécations dont il est assailli au point que ses oreilles en sont assourdies.

Voilà bien ce peuple le plus criard de la terre, comme le dit Alfieri, *Napoletani maestri in schiamazzare*. Partout et toujours on le croirait furieux tellement il met à toute chose, même aux actes les plus indifférents, une animation étrange. Approchons-nous de ces deux hommes qu'entoure déjà un groupe de curieux attirés sans doute par les exclamations furibondes de ces forcenés, qu'à en croire leurs gestes désordonnés, on va voir se jeter l'un sur l'autre pour s'entre-déchirer. Eh bien! ce sont de simples joueurs de *morra*. Cet œil flamboyant que chacun d'eux fixe sur celui de son adversaire, ne cherche qu'à deviner, dans son regard, quel

nombre de doigts sa pensée va lui faire ouvrir de
préférence, et les cris sauvages que pousse celui-ci
n'ont pour but que de troubler la présence d'esprit de
l'autre et en déjouer la perspicacité.

Mais que veut ce jeune garçon courant comme une
gazelle au milieu de la rue, sur mes talons, derrière
la croupe de mon cheval ou la capote de ma voiture.
Ses jambes sont nues jusqu'aux genoux, une ceinture
rouge lui serre les flancs ; il tient sa veste sous le bras,
le bout de son long bonnet rouge flotte au vent avec
ses longs cheveux noirs. Il m'interpelle de toutes les
façons, il crie, il pleure, il chante ; sa voix subit toutes
sortes d'intonations, tandis que ses jambes nerveuses
dévorent l'espace et bondissent sur les cailloux des
rues aussi bien que sur l'asphalte du trottoir ; il s'offre
pour porter une malle que je n'ai pas, pour conduire
ma voiture pourvue de son cocher, pour me montrer
tous les saints et toutes les rues de Naples. J'ai refusé,
et voilà qu'il me demande le bout de cigare que je
m'apprêtais à jeter. Je le lui jette, il est content, aussi
content que de recevoir un baïoque ou un carlin. Mais
quelle manifestation de sa joie : *Grazia, eccellenza,
grazia.* Pour deux sols il serait capable de porter mon
bagage et ma personne sur ses épaules. Pauvre garçon,
il a bien gagné le baïoque que je lui donne et qui lui
fait pousser des exclamations dont je ne reconnais plus
le caractère. Est-ce de l'enthousiasme, est-ce de la
fureur ?

Guarda ! Guarda ! (gare ! gare !) voici un *carroccíolo*

qui brûle le pavé et a manqué de me renverser sur le large quai de *largo Santa Lucia*.

Trois coursiers aux naseaux pleins d'écume, aux jambes effilées, traînent un frêle équipage dont les roues paraissent faites avec des tiges d'acier Douze à quinze personnes sont groupées dessus. En avant, pareil à l'acrobate, suspendu par un fil sur la croupe d'un cheval fougueux se penche le conducteur. D'une main il laisse flotter les rênes sur le collier de ses montures, gigantesque appareil garni de fioritures en cuivre et couronné de bouquets et de rubans ; de l'autre il tient fièrement le manche de son fouet sur la hanche. Mais quel langage inconnu il adresse à ses bêtes et de quelle voix ! Il les fait bondir. Ne dirait-on point un empereur romain entrant dans une ville conquise! Et comme la gaîté bruyante de tout le personnel qu'il conduit s'associe bien à son entrain et à sa vivacité !

Mais quelle difficulté pour le pauvre piéton de se reconnaître et de se frayer un chemin au milieu de tout ce brouhaha et de cette masse de petits industriels qui encombre toutes les rues, places et voies de communication, celui-ci de son étalage qu'il porte devant lui, celui-là de son char roulant de toutes dimensions et de toute formes, cet autre de volumineux fardeaux qu'il porte sur ses épaules et dont il vous heurte à chaque instant, tous poussant un cri différent et bizarre par lequel il avertit ou appelle le chalant.

Ici ce sont les *acquajoli* (marchands de limonade) roulant dans tous les coins de la ville leurs boutiques assez bien assorties de glaces, limonades, sorbets, oranges, citrons, grenades, pastèques, vous offrant leurs rafraîchissements dans des verres parfaitement rincés avec une eau bien limpide, mais malheureusement en ayant soin de tenir votre verre par le bord et y plongeant la moitié de l'index d'une main dont la blancheur n'est pas parfaitement irréprochable

Ailleurs s'étalent les comptoirs ambulants remplis de pièces de cuivre des *spadiarolles* ou changeurs. Les piles de baïoques placées devant eux (car l'argent y est fort rare) les font ressembler à des marchands de ferraille. Aussi ne croit pas qu'ils aient beaucoup de crainte des *ladroni* (voleurs). Ceux-ci ne s'adressent jamais à ces industriels. Ce cuivre est trop lourd à porter. Vingt baïoques dans la poche sont toute une charge. Heureux si l'on ne perd pas en route le contenu et le contenant.

Mais pourrai-je percer cette foule compacte du milieu de laquelle s'échappe comme une épaisse vapeur aux arômes âcres ou nauséabonds. Là est la cuisine du marchand de macaroni, le mets par excellence du peuple napolitain. Là sont de grandes chaudières remplies de cette pâte bouillie ou frite, saupoudrée de fromage et assaisonnée de piments et de *pomi d'oro*. Là, toujours avec grand bruit, une masse de gens, femmes, enfants, hommes de tout âge, la plupart vêtus de haillons et pieds et jambes nus, s'évertuent à ingurgiter ces longs câbles de quelquefois deux mètres de longueur sur un pouce d'épaisseur, des hourras d'en-

3

thousiasme accueillent ceux qui parviennent à les avaler
d'un bout à l'autre sans les rompre, ce qui arrive assez
souvent, car beaucoup de ces pâtes sont d'une grande
solidité. Il se produit même quelquefois des spectacles
risibles. Je me souviens d'un *bambino* qui avalait ledit
câble de macaroni en laissant l'autre bout dans la
gueule d'un petit chien sans qu'il s'en souciât le moins
du monde. Cependant tous deux arrivaient bientôt par
la ligne la plus courte au bout de leur morceau. Jamais
bambino et caniche n'eurent un air plus comique. Ni
l'un ni l'autre ne voulaient lâcher leur proie, tout en
se gardant bien d'en rompre le fil. Ils semblaient se
reprocher l'un à l'autre le macaroni qu'ils avaient en-
glouti et cherchaient le moyen de le rattrapper. La
mère du *bambino* trancha la difficulté en rompant le
morceau. L'enfant jeta de grands cris et le caniche
chercha du coin de l'œil une autre assiette en se léchant
les babines.

Si par hasard l'envie te prend de goûter de cette
pâte et que tu demandes une cuillère, on te rira au
nez. Cela est contraire à l'habitude du pays. Les pois
et les haricots sont aussi courus que les macaronis, c'est
la *bouillabaisse* napolitaine.

A bientôt, mon cher Frédéric, la continuation de
nos excursions dans les rues de Naples, pour la première connaissance que je veux te faire faire de cette
population curieuse et dont la vie est toute au-dehors.

A toi en toute amitié.

LETTRE IV.

Physionomie des rues de Naples (*fin*).

Puisque j'ai commencé à te parler de la nourriture du peuple napolitain, mon cher Frédéric, je vais en quelques mots t'achever ce sujet. Cette connaissance n'est point indifférente aux notions que je veux te donner de cette population curieuse. En qualité de gourmet, tu dois savoir que Brillat-Savarin a dit : «*Dis-moi ce que tu manges, je te dirais ce que tu es.*»

Du reste tout cela s'étale ici plus ou moins dans la rue même. Après les marchands de macaroni dont je t'ai déjà parlé dans ma dernière lettre, et dont tu l'as vu la cuisine est établie en plein vent, viennent les pâtissiers (car les pâtes sous toutes formes composent les deux tiers de la nourriture napolitaine). Mais quels pâtissiers!... Dieu t'en garde, mon pauvre garçon!... Figure-toi un homme qui a devant lui une petite table à laquelle est fixée une perche. Une grande cheville en fer est enfoncée dans cette perche à la hauteur d'un mètre environ. Cet homme pétrit sur la table une pâte avec de la farine de maïs qu'il adoucit avec du miel noir. Cette pâte paraît d'abord toute noire. Cet homme la repétrit à nouveau et longtemps jusqu'à ce

qu'elle devienne jaune et enfin tout à fait blanche ; puis
il la jette dans une poêle remplie d'huile bouillante. Au
bout de quelques minutes cette friandise est cuite et le
peuple qui fait queue s'en dispute les morceaux.

Il ne faut cependant pas trop médire de l'art napolitain
en fait de pâtisserie. Car en dehors de ces pâtissiers en
plein vent au service de la classe du peuple, il y a aussi
les pâtissiers en boutique pour les gens comme il faut.
On y mange, comme à Paris, une pâtisserie excellente
et très-bien préparée et, entr'autres, un délicieux petit
gâteau de crème du nom de *ricotta.*

Une singularité qui distingue surtout les marchands
de pâte et de fromage, c'est la manière curieuse dont ils
arrangent leurs boutiques ; souvent les tables en mar-
bre blanc sont supportées par des colonnes ou par des
génies qui tiennent des cornes d'abondance ou autres
emblèmes analogues. Le devant de ces tables est ordinairement orné de bas-reliefs, tels que la Cène, ou de
proverbes et de sentences sacrées ou profanes. Ici on lit :
« *Crédit n'est pas mort, les bons payeurs l'ont ressuscité,* »
manière convenable de refuser ce que l'étudiant parisien
appelle *l'œil ;* là un verset de psaume au-dessus du Christ
assis près de son père : *Dixit Dominus domino meo, sede
à dextris meis* , légende naïve comme tu le vois ; plus
loin une sentence de la Bible sur un pauvre diable de
mendiant : « *Dilata os tuum et implebo illud.* » (1)

Et celle-ci, au-dessous d'une montagne de beurre et

_____
(1) « Ouvre la bouche et je la remplirai. »

de fromages sur lesquels on a encore eu l'idée de des-
siner des anges et des madones :

Butyrum de armento et lace de ovibus.
Beurre de vaches et lait de brebis.

Mais ce qui m'a paru le plus plaisant, c'est un énorme
bas-relief au milieu duquel est un St-Sacrement entouré
de petits anges qui d'une main lancent des coups d'en-
censoir, et de l'autre tiennent des cornes d'abondance
d'où s'échappent des ducats dorés, des piastres et des
carlins argentés. Ce bas-relief porte cette inscription :
In te, Domine, speravi. « Seigneur, j'espère en toi »
(quoi? — des ducats, parbleu). Variante de ces vers
de La Fontaine :

« Dieu prodigue ses biens
« A ceux qui font vœu d'être siens. »

Certaines boutiques ont des sentences de l'Évangile
peintes sur leurs murs, le tout entre-mêlé de placards et
de réclames plus bizarres les uns que les autres. Partout
cet étalage *religioso-mercantile;* de suite apparaît cette
démonstration de dévotion extérieure qui caractérise les
populations italiennes, mais les napolitains surtout. On
peut dire sans hyperbole que Naples, de tout temps fut
comme une véritable église. On n'y voit partout que saints
de bois, que madones de plâtre, que scènes du jugement
dernier, que combats d'archanges peints sur les murs
jusque dans les lieux les plus profanes. Généralement les
anges y sont ornés d'encensoirs. Le pinceau des badi-

geonneurs (par respect pour l'art, je ne veux pas dire des
peintres) les a semés à une telle profusion, qu'on peut
dire que ces hôtes célestes sont plus nombreux (en pein-
ture sur cette terre), qu'ils ne le sont au ciel en nombre
réel. Le moindre jugement a sa guirlande de petits anges
et de gros encensoirs à n'en plus finir.

A certaines époques la politique même se servit de
ces peintures pour étaler et assouvir ses rancunes.

Ainsi je me souviens avoir vu derrière un certain couvent appelé, je crois, de *Merentello*, un de ces badigeon-
nages, décoré par les cicérones du nom fastueux de
fresque, étalé sur une façade de maison dont le propriétaire a bien voulu supprimer les portes et les fenêtres
pour l'usage des fidèles et la confusion des pécheurs.

Cette fresque (je flatte la manie des cicérones) représente un combat de simples mortels contre un dragon
hideux monté par des diables fort laids. Le monstre
ouvre une énorme gueule où nos pauvres semblables
s'engouffrent ni plus ni moins que des moucherons dans
le bec d'une hirondelle ou que le menu frétin dans le
rictus béant d'un crocodile. Les combattants portent
chacun une inscription sur la partie du corps qu'ils pré-
sentent au public, sur la poitrine, sur le dos, sur le gras
de la jambe et même ailleurs, suivant la position qu'ils
affectent en s'abîmant dans le gouffre insatiable. Ces
inscriptions sont aussi peu flatteuses que variées. On lit:
colère, gourmandise, luxure, avarice et tout le chapelet
des grandes et petites faiblesses pour lesquelles Satan
affile ses fourches et rougit ses fourneaux, — allégorie

terrifiante et capable de faire réfléchir un mécréant avant de se passer le luxe du plus petit péché véniel.

Le propriétaire de cette maison s'est imaginé de mettre sur ce mur un treillage en bois auquel on accroche des cierges, des bouquets et même des lampions — je n'y ai pas vu de parapluies ! ce fameux parapluie, l'ustensile le plus cher au napolitain et dont je te parlerai plus loin.

A toutes ces représentations d'anges et de saints se joint la multitude innombrable de madones placées devant presque toutes les fenêtres de toutes les maisons et près desquelles brûle continuellement, jour et nuit, une lampe que chacun considérerait comme un grand malheur de laisser s'éteindre ; ajoute qu'à cette madone sont adressées des prières de toutes sortes et des demandes de choses les plus hétéroclites et les moins religieuses. Le marchand lui demandera de bons clients qu'il puisse plumer à son aise ; la femme l'invoquera pour que son amant, qu'elle attend en l'absence de son mari, ne manque pas d'arriver et qu'il soit bien amoureux et bien tendre. Il n'y a pas jusqu'au brigand attendant, l'escopette au poing, sur la grande route le malheureux voyageur, qui ne s'adresse à la madone pour que la proie qu'il espère soit grasse et opime.

Et il faut entendre de quelles imprécations la pauvre bonne vierge est accablée quand les choses n'ont pas réussi au gré des désirs de ses fanatiques invocateurs.

Figure-toi un sauvage brisant avec fureur le fétiche qu'il accuse de n'avoir pu ou de n'avoir pas voulu le protéger.

J'aurai occasion de te parler avec plus de détail de la dévotion du peuple napolitain, je reviens à ce qui concerne sa nourriture.

Pomone a répandu avec profusion sa corne d'abondance aux environs de Naples. Aussi dans toute la ville rencontre-t-on, à chaque pas, des marchandes de fruits de toutes espèces. Les châtaignes y sont plus abondantes que les pommes de terre dans le nord. A peine connaît-on à Naples ce dernier légume. Un coup d'œil agréable c'est celui des raisins. Ils sont arrangés en pyramides dans des paniers et couverts de branches de romarin. On y voit aussi par milliers les oranges et les citrons verts et jaunes. Une orange grosse comme les deux poings coûte un *bajocco*. On les vend en partie sans écorce... On rôtit dans les rues une espèce de pommes de pin afin d'en retirer la graine qui est d'un assez bon goût. Les grenades, les figues fraîches ou sèches, étalées dans des paniers, sur les tables, ne cessent de vous fatiguer la vue, et si tu es amateur du melon ou de la pastèque, tu n'auras qu'à te baisser et en prendre. On en offre comme de la galette sur nos boulevards. Partout on entend ce cri : *ah! che bella cosa!* Sois sûr que ces mots signifient *pastèques, melons, etc.?*

Les soirs d'été le peuple vient manger de la marée que l'on appelle à Naples : *frutti di mare*, les fruits de la mer. Ce sont de petits poissons et des coquillages. Le pêcheur les étale sur une petite table en amphithéâtre aussitôt qu'ils sortent de l'eau. Beaucoup

de ces poissons et de ces coquillages se mangent crus.
Pour parvenir à manger ceux qui sont dans des co-
quilles, le lazzarone mord la tête aussitôt qu'elle sort
de la conque, la tient avec ses dents et tire ainsi
le reste du corps.

Pour les poissons, ils sont en quantité énorme et
il serait impossible d'en décrire les espèces extraordinaires. Ceux que les lazzaroni préfèrent sont des
poissons qui ont tout à fait la forme de châtaignes avec
leurs piquants. Nous les appelons, je crois, des *oursins*.

Suivant l'habitude napolitaine, tous ces poissons se
vendent à volonté ou crus ou rôtis et toujours la
cuisine en est faite en plein vent.

En s'arrêtant près de quelqu'un des divers marchands dont je viens de te parler, on est quelquefois
exposé à de fortes émotions. A peine s'est-on assis
pour déguster une glace, manger un fruit ou un
gâteau, servis avec cette lenteur proverbiale du napolitain, que l'on voit entrer une femme ou un enfant
avec un visage effaré, tout hors d'haleine et couverts
de sueur. Ils paraissent frappés de terreur, ils ne
peuvent parler ; ils regardent autour d'eux d'un air
inquiet ; impossible de comprendre les paroles entre-
coupées qu'ils laissent échapper. Ces malheureux sont
sans doute victimes d'un accident, ou peut-être menacés par le poignard d'un assassin. Détrompez-vous:
ils s'en vont d'un air triste en s'écriant : « *ah ! mio
porco ! mio porco !* » leur cochon s'est égaré dans le
quartier, voilà la cause de leur douleur. Cette petite

anecdote d'un fait qui se présente assez souvent est
de ma part une manière ingénieuse de te faire comprendre, mon cher Frédéric, qu'à Naples le gracieux
compagnon de St-Antoine entre non seulement dans
l'alimentation du napolitain, mais aussi quelque peu
dans sa commensalité.

A bientôt ma prochaine lettre pour de nouveaux
détails et tout à toi.

LETTRE V.

L'Écrivain public et le Charlatan.

Un personnage qui n'est point sans importance à Naples, mon cher Frédéric, c'est l'*Écrivain public*. Il se trouve à tous les coins de rues avec sa perruque et ses lunettes traditionnelles. Son bagage se compose seulement d'une table chargée d'un énorme écritoire, d'une longue plume de corbeau, de papier et d'un simple pliant pour siége. Il n'a point d'échoppe. A quoi lui servirait un toit sous ce beau ciel bleu! Quand il pleut, il appelle le premier gamin de lazzarone qui passe et lui fait tenir son parapluie barriolé de mille couleurs.

Il n'est pas difficile de connaître les secrets échangés entre lui et son client; le caquetage et l'énergie du langage napolitain sont devenus proverbials. On sait que dans toutes les classes on se parle amicalement avec des gestes et un ton de furieux. Il est comique de voir ces deux êtres s'expliquer et traduire mutuellement leurs pensées. On dirait qu'à chaque phrase ils vont échanger une volée de coups de poings. Un rusé lazzarone fit un jour la farce suivante à un de ces vénérables hommes de plume qui s'obstinait à lui refuser sa fille en mariage. Il envoya un de ses camarades vers le père et lui fit écrire ceci : « Mon cher ami, tu

« m'as prié de venir ce soir après le salut attendre ton
« homme, le père de la belle, et de t'en débarrasser.
« Je ne puis y aller, mais je t'enverrai Pascal qui a un
« bon stylet et qui connaît mieux que moi son affaire.
« Il sera exact à huit heures précises. Je t'en réponds
« par la Madone! » — Et l'adresse? demanda l'écrivain.
— « Ah! oui l'adresse, attendez donc, la voici, je l'ai
« par écrit. » C'est la mienne! s'écrie l'autre avec épouvante. — « Alors, tant pis pour vous, marioz votre fille,
« ou vous êtes un homme mort.»

Après l'écrivain public, le *Charlatan* occupe aussi une
place importante dans l'esprit et les occupations journalières du peuple qui, sous ce rapport, peut rendre
des points à nos badauds parisiens. Un homme vêtu
d'un casque et battant de la grosse caisse s'arrête-t-il
dans un carrefour, au coin d'une place, il est sûr d'attirer autour de lui la foule en moins de quelques
minutes. Il est ordinairement vêtu d'un costume sévère
et moins paillasse que les nôtres. Quelques-uns pincent
de la mandoline et racontent des légendes fantastiques
quand ils n'ont pas de drogues à débiter. D'autres s'ha-
billent en hussards, en groom, se couvrent la poitrine
de bimbeloteries et vendent de l'eau merveilleuse de
toutes couleurs, pour toutes les maladies. C'étaient autrefois de grands sacripans que la police des Bourbons
faisait sortir de prison à temps donné pour observer
l'attitude de la foule et la dominer au besoin. Quelques-
uns de ces coquins étaient très-amusants.

Deux charlatans débarqués de France se prirent aux

cheveux sur la place publique. L'un et l'autre vendaient une eau assez célèbre chez nous, la fameuse *eau Léchelle*. C'était à qui s'époumonnerait le mieux pour enlever la pratique. La foule indécise flottait entre les deux. Cette concurrence ne pouvait durer. On essaya de part et d'autre une transaction. Vains efforts ! elle ne put aboutir qu'à une rencontre sur la place publique. Nos deux charlatans mandés à la police, expliquèrent chacun leurs griefs. Mais là gisait une grande difficulté. Le premier prétendait que cette eau avait été recueillie par lui à La Sallette, dans une citerne où l'on ne pouvait descendre que par une échelle. Le second soutint, au contraire, que cette eau jaillissait d'un rocher élevé qu'on ne pouvait atteindre qu'avec une échelle. Comme le juge ignorait l'existence du pharmacien Léchelle, il remit la cause à six mois pour prendre des renseignements à La Sallette et savoir s'il fallait monter ou descendre pour se procurer cette eau bénie et pharmaceutique.

LETTRE VI.

La Danse.

Pour compléter cette physionomie des rues de Naples
que j'ai entrepris de te peindre, mon cher Frédéric, j'ai
à te parler des danseurs et des danseuses que l'on rencontre à chaque pas et qui, eux aussi, réussissent à
attirer la foule avide de tous genres de spectacle, mais
pour qui la danse surtout est une passion, un idéal.

Par une belle soirée du mois de septembre je m'étais
perdu en compagnie d'un ami dans les ruelles qui grim-
pent vers le château St-Elme. A moitié chemin nous
nous arrêtâmes pour reprendre haleine et contempler
des groupes de jeunes filles, moitié bohémiennes, moitié
lazzarones qui exécutaient, en ce moment, des danses
aux grands applaudissements d'une foule nombreuse du
bas peuple. Les unes avaient une danse effrénée comme
celle de buveurs avinés ; les autres y mettaient plus de
mesure, avec des mouvements plus lascifs et aussi im-
pétueux, tandis qu'une de leurs compagnes, armée d'un
tambour de basque, n'avait presque aucune règle, les
accompagnait d'un chant qui ne consistait guère qu'en
cris de joie inarticulés et accompagnés de sauts ou de
contorsions bizares.

Peu à peu les applaudissements grandirent. Il y eut

chez les meilleures danseuses un accroissement de passion et d'enthousiasme. A partir de ce moment il nous sembla que le bruit du tambour, le chant de la jeune fille revêlaient une variété infinie de formes, s'appropriaient les modes de la mélodie et qu'en même temps les danses gagnaient en grâce et en expression C'était un spectacle séduisant de voir ces jeunes filles s'enlacer dans les bras l'une de l'autre, tourner sur elles-mêmes, *bondir et rebondir en effleurant à peine le sol de leurs* pieds, puis former toute une ronde autour de la joueuse de tambour. On eut dit de ces bacchantes, de ces ménades, des *Edons* d'Eschyles, dont l'une tenant dans ses mains des bombyces exécute, par le mouvement des doigts, un air aux accents animés qui excite leur ardeur et leur joie. Était-ce une danse anacréontique, une ronde exhalant un parfum de pastilles du sérail ou de bouquets à la Dubarry ? un mélange de cachucha, de boléro, de tarentelle et de fandango ? Il nous eut été assez difficile de choisir entre toutes ces danses ou de les comparer. Cependant lorsque les danseuses s'arrêtèrent et qu'elles rejetèrent en arrière, avec un mouvement de chatte des plus gracieux, leurs longues tresses de cheveux noirs, nous subîmes l'entraînement sympathique qui avait transformé en un vrai délire les sentiments de la foule assemblée Leurs grands yeux noyés de plaisir, les battements rapides de leurs seins emprisonnés dans un corsage de velours noir orné de broderies rouges et de paillettes d'or ; leurs bras jetés négligemment au cou d'une compagne, tout ce tableau rendait l'illusion complète et communiquait des sensations étranges. Nous pensâmes à Juvénal, qui se défiant de ces sortes de plaisirs, disait à son ami Persicus : « Ne te flatte pas que de « jeunes espagnoles viennent nous provoquer par ces « danses licencieuses imaginées pour réveiller la viva- « cité des désirs dans les sens assoupis de nos riches « énervés. » (1)

Ce conseil du sage produisit son effet, nous nous mîmes à la recherche d'autres distractions.

De jeunes garçons que ce spectacle avait mis en bonne humeur, voulurent aussi danser, ou plutôt former une ronde infernale. Il nous fut facile de voir que l'ivresse physique était venue se mêler à l'ivresse de l'imagination et des sens. La *tarentella* des jeunes filles semblait avoir produit sur leurs cerveaux l'effet du hatchich. Saisis d'un frénétique délire, ils gambadaient, gesticulaient, trébuchant, se mettant à chanter à tue-tête, à se pousser, à s'injurier à qui mieux mieux, moins ignobles pourtant que ces intrépides admirateurs du cancan qu'ont daigné chanter MM. les biographes de Rigolboche, Céleste Mogador et autres.

Mieux valait retourner près des jeunes filles qui, après avoir à peine eu le temps de reprendre haleine, s'étaient ruées sur la joueuse de tambour de basque et cherchaient à lui déchirer le visage parce qu'elle refusait de les suivre.

Mais le tambour des volontaires battait la générale....

(1) Satyre XI.

Souvent j'ai pensé à cette pose séduisante des napolitaines, lorsque domptées par leurs danses fougueuses,
elles jouissent de leur triomphe au milieu d'une foule de
pauvres diables qui les applaudissent en mangeant leur
macaroni, ou en épluchant une orange ou une tranche
de pastèque.

Pauvres filles ! retrouveraient-elles ces bonnes émotions dans nos grandes salles étincelantes de lumières,
d'or, de diamants ? non. Qu'elles chantent, qu'elles dan-
sent toujours dans leurs ruelles obscures, sur le pavé
des rues, au milieu de leurs lazzaroni ; qu'elles conser-
vent le feu de leurs yeux noirs, le carmin, le galbe et les
contours gracieux de leur taille et de leur visage. Elles
danseront toujours sans torturer leur joli corps, comme
cette pauvre Emma Livry, ce papillon lancé dans l'éther
des danses idéales, selon l'expression des critiques qui
ressemble aujourd'hui à une atroce plaisanterie. Que de
larmes elles lui verraient verser quand les chairs meur-
tries, sanglantes, la gorge brûlée comme par un fer
rouge, la poitrine déchirée par son corset d'acier, elle
vient tomber à moitié mourante dans les bras des autres
danseuses, ses compagnes !

Le public rugit de plaisir, il la couvre d'applaudissements et de fleurs. Encore ! encore ! il est insatiable, il
lui faut des farfadets, des gnômes, des sylphes idéals pour
réveiller ses appétits blasés. Encore ! encore ! crie un
tonnerre de voix d'hommes ; encore ! encore ! murmurent
de jolies bouches en déchirant de leurs petites dents
blanches la dentelle de leur mouchoir. Elle, le corps brisé,

n'entend pas leurs cris. Elle croit l'heure du supplice passée; ses yeux peuvent à peine s'ouvrir et chercher sa mère qui devine ses tortures et n'ose la regarder. A peine peut-elle remuer les lèvres et demander grâce. Est-ce le repos du sommeil ou de la mort qui vient la prendre? Non, les bourreaux sont impitoyables; le tourmenteur est là derrière elle; il l'arrache des bras de ses compagnes et la rejette palpitante, énervée, sur ces planches souillées de sueur et de sang. Elle danse, elle voltige, elle bondit, c'est le délire qui la mène; et quand le rideau tombe, on l'emporte expirante dans son coupé ou dans sa voiture de place. Le bon public s'en va en humant l'air, le cœur joyeux, le jarret tendu, et il dit: «Heureuse « fille! en gagne-t-elle facilement de l'argent et de la « gloire. Ah! si je pouvais faire ma fille danseuse. » Danseuse? oui. Elle ne courrait qu'un danger, celui d'allumer sa belle robe de gaze au feu de la rampe ou de la coulisse. C'est terrible à penser, pourtant nous verrons. Voilà pourtant, cher public, ce que coûte cette gloire, ces applaudissements tant enviés. Vous appelez cela du bonheur, innocentes et insoucieuses jeunes filles. Puisse votre expérience ne vous détromper jamais!

LETTRE VII.

De la danse dans les salons et en famille. —
Des Théâtres.

Ce que je viens de te faire connaître des danses de la
rue, me mène naturellement, mon cher Frédéric, à te
parler un peu de celles des salons et des familles. Il y en
a de fort curieuses et de fort bizares. Souvent dans les
salons et en famille on danse un certain quadrille qui ne
manque pas de charmes. Les cavaliers, placés vis-à-vis
les uns des autres, font des changements de mains, une
sorte de chaîne anglaise, deux, trois ou quatre tours de
valse avec chacune des dames qui composent le quadrille, puis reviennent à leur danseuse primitive, de sorte
qu'en moins de cinq minutes on a pu apprécier la ron-
deur de la taille, le velouté des mains et l'agilité, la pétu-
lance de chaque invitée.

Lorsqu'on veut marier les plaisirs, les émotions, on
propose la *danse de minuit* ; on la désigne encore sous le
nom de *fiancée de la mort*, mais très-rarement. Ce nom
sonne trop mal dans un bal. La légende de cette danse
n'est pas des plus gaies, aussi a-t-on soin de la danser
bien avant l'heure du sabbat.

Il y a environ cent ans (c'est toujours l'âge de la

légende), on célébrait dans une grande famille les fian-
çailles de deux jeunes gens distingués par leur beauté.
leur esprit et leur fortune Ce jour s'était annoncé sous
d'heureux auspices: les pauvres avaient reçu des aumônes abondantes, les parents, les amis avaient préparé
une fête splendide. La jeune mariée resplendissante de
joie, de parures, avait prononcé le *oui* solennel avec un
mélange de grâce et de bonheur indicibles; un long
repas, assaisonné des mets les plus exquis et des vins les
plus généreux, avait couronné cette ravissante journée.
Puis un bal splendide, des flots d'harmonie se mêlant
aux cris de joie, de plaisir, d'une foule de jeunes têtes
énivrées par le parfum des fleurs, la fumée des vins
et le feu brillant qui s'échappait des yeux de leurs danseuses. L'heure solennelle s'approchait : minuit allait
sonner. En ce moment l'époux détacha le bouquet
d'oranger qui était soutenu par des flots de rubans
bleus et roses à la ceinture de sa fiancée et le porta
à ses lèvres ; une pâleur livide couvrit subitement son
visage, le bouquet virginal venait de se flétrir comme
sous le souffle du mistral ; il le laissa tomber, prit sa
femme par la taille et tous deux se mirent à valser
avec frénésie.

On applaudit d'abord : ils étaient si beaux, enlacés
l'un à l'autre, emportés dans le même tourbillon. Mais
bientôt les cris de joie cessèrent. On entendit murmurer
les accords tristes d'un orchestre mystérieux. Les fiancés
valsaient toujours. Plus pâle que la mort, la tête de la
jeune femme s'était renversée sur l'épaule de son mari.

Entraînés par leur course impétueuse, ils disparurent dans une salle adjacente ; les bougies s'éteignirent tout d'un coup. On ne revit plus les fiancés, on les chercha toute la nuit et le jour suivant, jamais on ne put les retrouver et les parents en moururent de douleur.

Cette légende a donné lieu à beaucoup de commentaires. Les messieurs présumèrent que le mari avait été trompé ; les dames répondirent que c'était tout le contraire.

Toujours est-il qu'on songe quelquefois à tirer de l'oubli cette *danse* légendaire *de minuit*. Alors un groupe simule les deux fiancés, disparaît dans une salle adjacente faiblement éclairée ; après quoi un cavalier et sa dame vont choisir au hasard l'un des deux fiancés : si la dame s'adresse au prétendu mari elle valse avec lui, sinon elle va reprendre sa place et *vice versâ*.

Les théâtres sont aussi fort courus à Naples. Tous ces spectacles de quelque nature qu'ils soient tendent à passionner, comme je me plais à le répéter, cette foule pour qui surtout tant est vrai le *panem et circenses* des anciens.

Les théâtres en plein vent y sont par centaines, tous environnés sans cesse d'un cercle de curieux s'ébaudissant aux lazzis de *signor Pulcinello*, et s'exclamant de joie aux horions que son bâton décharge sur les épaules *del signor Commissario* et de messer *Diavolo*, qui néanmoins finit par l'emporter.

Puisque j'en suis sur les amusements des napolitains, je veux te parler aussi de leurs grands théâtres. Le théâtre San-Carlo a été de tout temps le plus célèbre par ses cantatrices et ses danseuses. Je n'ose parler des artistes illustres tels que Nourrit et Duprez, car je ne veux point troubler de remords nouveaux la conscience des dilettanti napolitains. D'ailleurs ils sont depuis quelque temps guéris de cette triste manie provinciale qui consiste à siffler des talents dont le grand crime est d'avoir fait trop de bruit à Paris, par contre beaucoup plus en province, sans y avoir jamais mis les pieds. Les danseuses de San-Carlo n'y ont pas encore fait de chutes; elles s'en sont presque toujours retirées riches, heureuses et dotées quelquefois d'un mari qu'elles ne s'attendaient guère à trouver au milieu de leurs grands écarts. Je ne citerai qu'un seul fait à l'appui de cette dernière assertion. C'est l'épisode du *mari à la trappe*. Une de leurs célébrités chorégraphiques (nous nous garderons bien de citer son nom de peur de piquer son amour-propre) faisait, il y a quelques années, grande sensation à Naples. On la fêtait, on la recherchait partout: des ducs, des banquiers, des journalistes avaient plus d'une fois déposé leurs bouquets et leur flamme à ses pieds; mais elle était inflexible, inexpugnable. L'esclavage sous un maître la révoltait, l'hyménée lui était encore plus odieux. Cette sylphide invulnérable désolait bien des cœurs. En vain se ruinait-on pour elle, ses petits pieds ne s'en trémoussaient pas moins sur les planches avec la même légèreté et la même cadence que le premier jour de ses débuts. Cette froideur que les gens du commun appelaient simplement bégueulerie, lui valut

des ennemis. Un adorateur repoussé avec grande perte
et avec beaucoup d'éclat lui jura une *vendetta* éternelle.
Il ne songea rien moins qu'à lui faire casser le cou aux
applaudissements de ses amis qui étaient aussi des ri-
vaux évincés. Pour arriver à ses fins il corrompit, à
prix d'or, l'un des machinistes du théâtre et lui com-
manda de ne pas pousser le verrou d'une trappe tandis
qu'elle danserait. Deux représentations se passèrent
sans que la danseuse mit le pied sur la planche fatale.
L'amant furieux en fit ouvrir deux. Cette fois c'était
dans un ballet de *la part du diable*. Elle donna dans le
piège et s'enfonça dans le gouffre à la grande frayeur
d'une partie de la salle. On la crut tuée sur le coup. Le
régisseur fut appelé, il vint sur la scène avec un visage souriant. Peu s'en fallut qu'on le massacrât sur le
champ. Enfin, quand il put dominer les cris de malédic-
tion et de mort qui pleuvaient sur la scène, il annonça
que la danseuse n'avait éprouvé aucune contusion et
qu'elle allait reparaître dans quelques instants. La salle
poussa un hourra frénétique. *La part du diable* fut ré-
servée aux auteurs de cette *vendetta*, car la danseuse
était tombée sur le dos d'un charpentier, garçon aux
épaules robustes, qui ne fut pas fâché de cette occasion ;
il la serra à moitié évanouie dans ses bras, et lorsqu'elle
revint à elle, il reçut un doux gage de son dévouement.
La danseuse ne voulut point d'autre mari, elle l'épousa
quelques jours après.

Dans ces derniers temps, alors que San-Carlo était
livré à toutes les horreurs de la guerre civile et que son

surintendant, le duc de San-Donato, tombait lui-même frappé sous le couteau d'un assassin, la signora Borchetti soutenait la fortune du théâtre sur ses charmantes épaules. Son nom produisait un effet magique sur les révoltés les plus intrépides. Il suffisait qu'elle apparût sur une scène pour qu'on accourût en foule au théâtre et qu'on s'y tint tranquille. Mais autant cette jeune artiste avait de charme et de légèreté, autant elle était capricieuse. Le régisseur avait seul le talent de la dompter au dépens de ses joues. En deux mots, notre danseuse ne pouvait calmer ses nerfs qu'en administrant, de ses doigt effilés, un bon soufflet sur les grosses joues de son régisseur. Alors, quand elle avait lâché son soufflet, une joie folle s'emparait d'elle ainsi que du bon régisseur, car il était sûr qu'elle danserait à la grande admiration du public. Si ce brave homme reçoit le prix de son dévouement, on pourra l'appeler *le mari aux soufflets*.

LETTRE VIII.

Excursion dans les *vicos* et faubourgs.

Le cubiculum. — *Utile dulci.* — Les doigts de rose, la
main de la mariée ou les griffes. — Les petites
mains. — Influence de la main des femmes sur le
cœur des hommes. — Des mains célèbres. — La duchesse de Berri et le Chiromancien. — Les mains
rivales. — La reine Marie-Amélie et Mᵐᵉ Victor
Hugo. — Les petits pieds. — La Sicilienne aux
pieds légers.

Par mes lettres précédentes, mon cher Frédéric, tu
as déjà reconnu cette tendance et ce goût du peuple
napolitain -- déjà signalé par notre cher et spirituel
romancier Alexandre Dumas — à faire tout en plein air.
Mais c'est surtout dans les vicos et dans les faubourgs
que ce goût s'épanouit dans tout son luxe. Là, littéralement, les habitants font, *sub dio* (tu vois que je n'ai pas
encore entièrement oublié mon latin), leur cuisine, leur
barbe, de la philosophie, un peu de commérage, etc.
Les maris forgent, rabotent, peignent le Vésuve, des
saints, des combats de dragons ; leurs femmes tricotent,
rissolent le macaroni, peignent aussi, mais les nattes
tressées et épaisses de leur longue chevelure noire, le
tout avec un abandon, une assurance dignes de gros
contribuables. Il semble que la moitié de la rue leur

appartient jusqu'au ruisseau exclusivement; le voisin d'en face en pense autant, de sorte que le malheureux passant se trouve ordinairement pris entre deux feux de quolibets, ou deux tresses de cheveux assez fortes pour l'emprisonner comme un nouveau Samson aux pieds de Dalila.

Si l'on tient compte des bandes noires de la race porcine, des troupeaux de chèvres, d'ânesses et des caravanes de mulets chargés de fruits, de poissons, qui s'engouffrent à chaque instant dans ces orifices étroits, on aimera peut-être mieux affronter les éclats des pétards et le feu des cierges qui se promènent du matin au soir dans la *strada di Toledo* ou dans la *Chiaja*, les seules grandes artères de la ville haute. Quant à celles de la ville basse, *San Giuseppe majore*, *Santa Medina*, elles sont d'un accès encore plus difficile. C'est là que les nombreux fabricants de *cubicula* (le lit traditionnel des Romains) ont fait élection de domicile dans la rue.

La première fois qu'on pousse une pointe dans ces parages, l'œil est agréablement surpris à la vue de ces gigantesques appareils que les gens du commun désignent sous le nom de *couches*. Si les flots de la foule vous poussent vers ces formidables engins de la vie conjugale, bénissez le ciel qui vous donne le plaisir d'examiner à votre aise ce travail curieux. Enjambez de toute la hauteur de vos tibias, les parois de fer, et une fois abrité derrière ce rempart, regardez-les de près. Vous serez certainement extasié. Qu'on se figure

des branches, des torsades, des colonnades de fer et
de cuivre s'enlaçant, se croisant dans tous les sens,
formant des dessins bizarres, des figures mystérieuses
et finalement transformées en un lit dont l'ensemble,
dont le tout représente le vrai cubiculum d'*Herculanum* et de *Pompeia*. Il y en a naturellement de toutes
les formes, de toutes les dimensions et pour tous les
goûts : le lit de la fiancée, le lit conjugal, celui du
garçon, celui de l'enfant. Mais ceux qui paraissent les
plus extraordinaires, ce sont ceux de la deuxième série :
les lits conjugaux. On en voit qui mesurent cinq mètres
de largeur, sur huit de longueur. Il y a là de quoi
coucher toute une famille. C'est malheureusement ce
qui se pratique dans beaucoup de ménages de la classe
ouvrière. Il n'en est pas de même dans la bourgeoisie
ni dans l'aristocratie. Cependant on remarque presque
toujours chez eux ce fameux lit de famille dont ils
usent comme en France. Ce lit, chef-d'œuvre de cise-
lure et de serrurerie, est une tradition, on ne saurait
s'en passer. Il va sans dire que les appartements sont
généralement vastes, élevés, avec des croisées abritées
sur la rue par d'énormes balcons. Aux fêtes de Noël,
et au Jour de l'An, les enfants trouvent de bonne heure
ces lits couverts de présents et ils prennent leurs ébats,
sautent autour comme sur un tremplin.

Certains fabricants déploient un tel luxe dans l'ornementation et dans le confort, qu'à la vue de ces chefs-
d'œuvre, Mécène corrompu par toutes les douceurs de
l'opulence et du faste, Mécène qui pour se consoler des

rebuffades journalières d'une épouse hautaine -- *morosæ uxoris quotidiana repudia*, faisait, lorsqu'il pleuvait, dresser sa tente sous le feuillage d'un arbre, afin d'entendre frémir les gouttes de pluie et de s'endormir à leur bruit ; Mécène eut espéré enfin ce sommeil que ne pouvaient lui donner ni le chant des oiseaux, ni le son de la musique, ni le bruissement du feuillage, ni le crépitement de la pluie. « Par Jupiter, se fût-il « écrié à la vue de ces lits, je vais donc enfin trouver « ce sommeil qui me fuit toujours ! »

Stace, allant chercher à Naples, sa patrie, un mari pour sa fille qu'il lui répugnait de marier à Rome, la ville des riches héritières, mais aussi la ville des mariages sans amours, la ville prostituée aux pieds des courtisanes, la ville où l'on marchande les fiancées, la ville enfin des avortements impurs et des libertinages impuisssants (1). Stace, à la vue de ces lits, eut dit à sa femme Claudia, comme du temps de César : « Oui ces « lits me le révèlent, c'est à Naples que nous devons « marier notre fille ; à Naples, la ville aimée de Vénus, « dont une colombe envoyée par la déesse fixa jadis « l'emplacement sur les bords d'une mer amoureuse. « Ce n'est pas à Rome seulement que s'allume le joyeux « flambeau ; ma patrie aussi est fertile en mariages. » La fille de Claudia elle-même, cette pauvre enfant belle à faire injure à Vénus, avec son front petit comme celui de Priscilla, avec son bandeau luisant comme celui de

(1) Stace, Silves. Livre III, Silve V.

la Lycoris d'Horace, elle qui consumait tant de grâce et de jeunesse sur une couche solitaire, eut éprouvé devant ces lits des sensations bien douces.

Malheureusement, à cette époque, l'art de messieurs les serruriers n'était pas encore si avancé.

Sur quelques-uns de ces cubicula, on remarque à hauteur de leur tête une sorte de poignée, une griffe, et le plus souvent une tête de colombe, un petit bout d'aile, artistement ciselé d'un fini extrême, raffinement de luxe, mélange de poésie et de volupté, qui doit certainement imprimer un sourire malin sur les lèvres du fiancé et répandre un tendre carmin sur les joues de la mariée, la première fois qu'ils regardent du coin de l'œil ce petit ornement inoffensif et qui dit tant de choses. Le vulgaire tient peu à cette marque de coquetterie ou plutôt à cette agacerie inspirée par la femme d'un Benvenuto inconnu. Cependant, il faut bien l'avouer, cette tête de colombe, ce petit bout d'aile ne saurait manquer à l'œuvre de l'artiste intelligent dont le cœur est rempli des souvenirs d'un premier hyménée; il y met tout son génie, toute sa science: car il sait que pour certaines âmes ce travail est d'un grand prix, d'une grande valeur. Les uns l'appellent *les doigts de rose, la main de la mariée*, d'autres simplement *les griffes*. Ce dernier nom est encore assez original, mais il a moins de charme que les deux premiers.

Que l'on place sur cet emblème une de ces jolies mains comme les dames napolitaines en possèdent, et l'on enviera le sort du fiancé qui vient d'entendre sonner la dernière heure du bal.

As-tu lu un livre ravissant, *De la Chiromancie*, par notre jeune et savant ami Jules Andrieux? Il a fait dans le chapitre des mains une étude approfondie de physiologie humaine. Quelques mots sur cette science que Platon, Aristote, Galien, Albert-le-Grand, Ptolemée, Avicenne pratiquèrent avec succès, ainsi que mademoiselle Le Normand dont la brillante clientèle afflue aujourd'hui chez ses successeurs.

On sait que la paume de la main est le siége des appétits physiques; que les nœuds des doigts représentent les tendances de l'intelligence.

Les doigts se terminent de trois façons: en *spatule*, en carré, en cône. Au bout d'un doigt lisse, noueux, la spatule décèle un vif besoin d'agitation, le goût des arts mécaniques. Le lot des doigts carrés avec ou sans nœuds est l'amour des sciences morales, politiques, sociales et philosophiques. Doigts lisses à cônes, main d'artiste; cônes à doigts noueux, main de philosophe; grande main, esprit de détail; main petite, esprit synthétique; main moyenne, esprit synoptique. La chirognomonie estime que sur cent mains de femmes, quarante appartiennent au type conique, trente au type carré et trente au type à spatule. Disons pour terminer, que les françaises ont ordinairement les doigts lisses à cônes, main d'artistes; les anglaises, la main carrée et molle parce qu'elles sont plus capables de tendresse que d'amour; ce qui est le contraire chez les françaises.

Les femmes du midi, les espagnoles, les italiennes

du nord et surtout les napolitaines ont la main conique,
elles sont donc soumises à tous les entraînements de
l'imagination. Plus que toutes les autres femmes, elles
sont portées à des croyances surnaturelles, témoin la
duchesse de Berri.

La duchesse de Berri avait les mains d'une beauté
remarquable. On dit que le duc s'éprit passionnément
d'elle la première fois qu'il remarqua la forme de cette
main. Lorsqu'elle arriva de Naples, elle fut au désespoir ; on ne put trouver à Paris un seul gantier qui
put habiller cette main d'enfant. Il y avait bien à Naples
un certain parfumeur messinois qui possédait à merveille les secrets de la coupe ; mais il y était soigneusement gardé en prison ; il paraît que ce monsieur avait
osé fredonner son solo devant la fille de François I",
qui lui apparut un jour au palais dans un négligé
du matin des plus agaçants. Un artiste de Paris, M. Jouvin père, je crois, a attrappé cette coupe difficile. Cette
petite main fit pendant les premiers temps de son
arrivée grande sensation. A la cour de Charles X, plus
d'un courtisan brigua l'honneur de mesurer cette main
ou de la serrer à la faveur d'une valse, d'un menuet,
ou d'y déposer un baiser timide le jour d'un grand
lever. La duchesse qui tenait de sa grand' mère par
les qualités et les défauts, ne manquait pas de la
laisser admirer avec le même abandon que son aïeule
laissait voir son petit pied. Cette main si prodigue
d'aumônes et de baisers a fait les délices de plusieurs
chiromanciens. Superstitieuse à l'excès, la duchesse en

faisait venir souvent aux Tuileries, afin de connaître
sa destinée. On raconte que l'un d'eux lui prédit l'as-
sassinat du duc et qu'il lui fit remarquer la lettre L,
la première initiale du nom de Louvel, parfaitement
tracée dans la paume de sa main ; était-ce l'initiale
d'un jour de lundi, ou celle du nom de Louvel? Voilà
ce qu'elle ne put savoir du chiromancien. Elle en fut
péniblement affectée, à ce point que M. Decazes, le
ministre de la police, reçut, deux mois avant l'horrible
événement, l'avis mystérieux qu'on en voulait aux
jours du duc de Berri et qu'on lui conseillait d'em-
ployer toute son activité pour prévenir une catastrophe.
M. Decazes tint compte de cet avis, il fit surveiller les
bonapartistes au-dehors, il négligea d'observer ce qui
se passait au sein même du palais où s'était introduit,
parmi les employés mêmes de la maison royale, le
fanatique qui en méditait la destruction et qui pensa
l'avoir trouvée en en tuant le seul héritier.

La reine Marie-Amélie était aussi célèbre par la régularité et la forme mignonne des mains; on ne lui connaissait d'autre rivale que la femme du grand poète,
madame Victor Hugo. Que de souvenirs délicieux évoque
cette main aussi généreuse que belle qui, dans un élan
sublime, s'est tendue si souvent où il y avait un malheur
à soutenir, vers le pauvre ou vers l'exilé? Elle ne demanda pas aux chiromanciens de lui montrer le chemin
de l'avenir! Elle se tendait au hasard suivant l'impul-
sion de son cœur, suivant l'inspiration de sa grande
âme. Souvent, dans sa route, elle lisait à l'horizon loin-

tain un présage sinistre; elle ne s'en effrayait pas. Forte dans le malheur, cette main ne savait pas trembler. Ah! combien de pauvres et surtout combien d'exilés l'ont bénie!

Un jour de grande fête qu'elle était aux Tuileries, l'huissier de service vit une main de femme soulever les plis d'une tapisserie qui masquait l'entrée du salon de Diane. Il y eut un moment d'arrêt, le possesseur de cette jolie main s'était arrêté pour donner un ordre; elle retenait toujours les plis de la tapisserie. L'huissier crut reconnaitre la main de la reine; il se leva et annonça d'une voix solennelle, devant une nombreuse assemblée: « la Reine! » La femme du poète entra, le sourire aux lèvres; elle était si belle que la cour murmura: « C'est vraiment la Reine! » Marie-Amélie ne put s'empêcher d'en dire autant.

La finesse du pied des napolitaines et des siciliennes ne le cède en rien à celle de leur main. Seulement cette partie du corps si agaçante, si gracieuse qu'elle soit chez la femme ne peut prêter à l'étude physiologique. Et puis le pied se cache, agit furtivement, tandis que la main est un maître fier, généreux, qui commande, qui prodigue avec franchise, avec solennité. Il suffit que le pied se cache pour qu'on y prête peu d'attention.

Il y avait à Palerme un riche anglais possédé de l'idée fixe des petits pieds. Il avait couru presque tout l'univers pour satisfaire à ses désirs. Il avait eu des chinoises, des mauresques, des grecques, des circassiennes, il ne trouvait pas qu'elles eussent le pied assez mignon. Chez l'une

5

l'orteil était trop prononcé, chez l'autre les doigts du
pied trop courbés ; chez celle-ci l'ongle était noir, chez
celle-là il était rouge. Selon lui le vrai pied féminin ne
se trouvait que dans le royaume des Deux-Siciles. Il
choisit une femme et se maria à Palerme. La lune de
miel fut de longue durée, l'anglais se crut le plus heureux des hommes. Un jour qu'il essayait au pied de sa
femme une babouche couverte de perles et de riches bro-
deries, il y découvrit, au-dessous de l'orteil, une petite
lentille noire. Il fut désespéré, il croyait le pied de sa
femme sans tache, et tout à coup il venait d'y reconnaître un défaut. En vain son cœur lui disait que c'était
un grain de beauté, sa logique fut implacable, c'était
une tache, pas autre chose. Il n'osa en parler à sa femme
et commença d'être moins assidu près d'elle. Après les
larmes, les reproches ; après les reproches, les explica-
tions ; la sicilienne indignée d'apprendre que son pied
seul avait de l'empire sur le cœur de son mari, lui prouva
un peu plus tard que, quoique souillé d'une lentille, il
était d'une légèreté et d'une agilité extraordinaire, si
léger *qu'elle prit sa course avec un jeune officier de la*
garnison et court encore.

LETTRE IX.

La potence. — Des exécutions capitales.

Un spectacle auquel on avait beaucoup trop accoutumé le peuple à Naples, comme en beaucoup d'autres pays, et qui ne contribua pas peu à le maintenir dans une sorte de férocité de mœurs, ce sont les *exécutions capitales*. Dans un temps ces exécutions étaient entourées d'une grande solennité et attiraient une foule innombrable de curieux, avides de se repaître des moindres détails du supplice.

A cette époque, le malfaiteur qui était condamné à mort était conduit trois jours avant l'exécution dans une chapelle qui est dans la maison de justice et qu'on appelle *Bicaïa*. Il y demeurait jusqu'au moment où il devait être exécuté. La confrérie des pénitents blancs ne le quittait pas un instant et le disposait à mourir chrétiennement. Elle ne prenait pas seulement soin de l'âme, mais aussi du corps, en lui faisant apporter ce qu'il désirait pour manger et boire. Les dépenses que cela occasionnaient ne pouvaient pas être considérables, car un plat de macaroni était ordinairement la seule friandise que demandaient ces malheureux. Il paraît que ces confréries faisaient plus encore, et que si le malfaiteur était un père de famille, elles prenaient soin de sa femme et de ses enfants, qu'elles en faisaient la promesse au criminel et tenaient religieusement parole, quoi qu'il en pût coûter. Le jour de l'exécution, des hommes couraient dans les rues pendant toute la matinée en faisant la quête pour délivrer du purgatoire l'âme du criminel encore vivant.

On dressait la potence pendant la nuit qui précédait, mais on le faisait avec tant de négligence que cela ne paraissait pas et que l'on n'eût jamais cru qu'on plaçât un gibet, lequel gibet consistait en deux poteaux surmontés d'une traverse ; le tout n'était pas plus élevé qu'une porte et ressemblait beaucoup plus à une balançoire qu'à une potence. Ordinairement l'exécution se faisait sur l'emplacement où l'infortuné Conradin de Souabe fut décapité à la honte éternelle des Papes.

Voici comment un voyageur raconte l'exécution d'un malfaiteur sous François Ier. Cette exécution devait se faire à quatre heures de l'après-midi ; mais à deux heures la foule était compacte et il était déjà impossible d'approcher du lieu du supplice. Pour deux *carlins* je parvins à grimper sur une terrasse et à me fourrer au milieu de femmes, d'enfants et de jeunes gens qui à chaque instant faisaient tous leurs efforts pour m'exécuter, en me jetant en bas d'une terrasse élevée à 30 ou 40 pieds du sol. Je me cramponnai à un gros tuyau de cheminée et ne m'inquiétai plus du reste. Je regardai : un détachement de dragons à cheval était à son poste, des sbires armés étaient à l'entrée de toutes les rues et des patrouilles nombreuses parcouraient la place dans tous les sens. La foule augmenta et forma bientôt un

coup d'œil imposant. Il devait y avoir les trois quarts
de Naples. On entendait, au milieu de cette foule, des
femmes, des enfants, offrir leurs marchandises. Il était
à peu près quatre heures, lorsque le tumulte augmen-
tant dans une rue voisine, annonça l'arrivée du personnage principal de la tragédie. Je vis au milieu de quatre
ou cinq dragons un homme déguenillé, à cheval, portant
une espèce d'étendard de couleur rouge ; cet homme
était accompagné d'autres aussi déguenillés que lui.
C'étaient d'honnêtes bourreaux. Lorsqu'ils furent arrivés
près de la potence, l'un d'eux ficha en terre l'étendard
couleur de sang et le laissa flotter dans l'air. Il ôta ensuite son habit et s'entretint en riant avec ses voisins.
Quatre pénitents blancs avaient apporté une bière dans
le cercle, à peu près une demi heure avant l'arrivée du
bourreau, et s'étaient assis dessus pour se reposer. Ce
spectacle commença à devenir horrible. Une corde était
attachée à la potence; l'échelle y était placée, on voyait le
cercueil sur lequel reposaient quatre spectres; le bourreau était près de là avec un appareil diabolique; à quelques pas de lui son effroyable valet et un étendard sanglant. Mon cœur se souleva. Les sbires s'avançaient sur
deux longues lignes, au milieu desquelles les pénitents
blancs portaient des torches allumées; l'un d'eux qui
marchait en avant tenait une croix élevée au-dessus de
la tête des spectateurs. Le criminel fut traîné dans une
église où on lui donna les secours spirituels, de là on le
conduisit à pied ou plutôt on le porta à la place où devait se faire l'exécution : car il était à demi mort lors-

qu'il y arriva. On le fit mettre à genoux pendant quelques minutes et on pria encore pour lui. C'était la troisième ou quatrième fois. On aurait dit que les bourreaux, ou plutôt ces démons, se plaisaient à prolonger les tortures morales du misérable. Ensuite le bourreau lui mit la corde au cou, lui releva brutalement la tête et l'embrassa sur les lèvres. A ce baiser diabolique tout le corps du condamné éprouva une forte commotion. Le bourreau le saisit à la nuque, monta l'échelle et le traîna derrière lui. A mon grand étonnement, ce dernier n'eut pas besoin de l'aide du valet de bourreau, quoiqu'il montât à reculons, mais il eut la précaution de ne pas monter un échelon avant d'avoir le pied bien assuré sur l'autre. Il avait les mains liées et le visage découvert. En ce moment il s'éleva de la foule un sourd et long murmure. Je ne sais ce qui me passa devant les yeux, mais il me sembla que le bourreau avait tourné son regard vers moi et me fascinait; jamais monstre échappé de l'enfer ne parut si terrible : ses yeux semblaient briller comme deux charbons ardents et ses mains changées en énormes griffes paraissaient aussi s'enfoncer avec volupté dans les chairs du patient. C'était bien là Satan, et jamais je n'ai été plus tenté de croire en lui. C'est sans doute ce que la foule ressentit, car la plupart avaient une figure consternée. Dès qu'il fut en haut, le bourreau attacha la corde à la potence et fut si longtemps à l'arranger, que c'est, je pense, le moment le plus terrible pour le patient. Les pénitents blancs tâchèrent de lui abréger ces instants en redou-

blant leurs prières, et l'un d'eux lui présenta la croix,
le harangua à haute voix sur la béatitude éternelle
dont il allait jouir. La pâleur de la mort couvrit son
visage et il ne parut pas se réjouir infiniment de cette
béatitude si prochaine. Enfin, le bourreau ayant fini
d'attacher sa corde prit le patient par le milieu du corps
et le jeta en bas de l'échelle. Il lui sauta aussitôt sur
les épaules et tâcha de lui rompre la nuque, tandis
que ses nobles assistants se pendaient aux pieds du
patient et tiraient de toutes leurs forces. De cette façon
le patient ne pouvait souffrir longtemps, mais le spectacle d'un homme étranglé de cette sorte était horrible.
Je regardai les femmes placées près de moi, leurs figures étaient blanches comme des cierges, cependant
leurs yeux paraissaient dévorer cet épouvantable tableau. Le pénitent blanc tenait toujours la croix tout
près du visage de ce misérable, peut-être afin de cacher
au public cette figure effrayante.

Lorsque le bourreau crut que l'homme était mort
il ne se donna pas la peine de descendre par l'échelle,
mais il se glissa le long du corps du pendu. Jusque là
le peuple avait été tranquille, mais sitôt que le criminel
fut exécuté et que le bourreau eut pris terre, il s'éleva
un brouhaha général. Chose étrange: des yeux, des
voix indignées lançaient des menaces de mort au bourreau, et des regards de pitié au supplicié. Les femmes
se réveillant tout à coup de la léthargie où elles étaient
plongées, devinrent d'une violence extrême. Plusieurs
mordaient leurs mouchoirs avec rage, pleuraient à

chaudes larmes, et avaient d'affreuses crispations de
nerfs. Je crois que sans la maréchaussée elles auraient
mis à elles seules le bourreau en pièces et cherché à
ranimer la vie du criminel. Ce mouvement paraissait
effrayant, parce qu'il y avait sur la place et dans les
rues adjacentes, ainsi que je l'ai dit tout à l'heure, les
trois quarts de Naples. Les sbires, pendant tout le
temps de l'exécution, avaient formé un cercle autour
de la place, mais ils avaient toujours la vue fixée sur
l'endroit où était le patient. A un signe de ces sbires,
un régiment d'infanterie marcha au milieu de la foule.
Il était temps, car le bourreau et ses aides étaient
près de tenir compagnie à celui qu'ils venaient d'exécuter si artistement. Ils purent décrocher le cadavre
malgré les cris d'imprécation qui s'élévaient contre
eux, après quoi ils se mirent sous la garde des soldats,
et les pénitents blancs s'en allèrent avec le cadavre en
recommençant à chanter et à prier de plus belle.

Il n'est pas rare que l'instinct des masses, quelque
dénaturé qu'on le fasse par l'étalage de spectacles semblables, ne se révolte, comme tu le vois, contre l'atrocité
du supplice, et que l'inhumanité de la peine ne fasse
oublier souvent l'inhumanité même du crime.

Quelquefois la pitié vient d'un sentiment plus tendre,
comme dans le fait suivant.

Il y a peu d'années, un individu fut condamné à
mort pour avoir fait mourir trois femmes qu'il avait
épousées successivement. Croirait-on que ce monstre
inspira quelque pitié quand il subit le supplice. Il était

encore assez jeune, assez bien fait, et puis il avait eu soin de se marier après chaque séduction. Le crime était, aux yeux du beau sexe, entouré de circonstances atténuantes. En outre, le bourreau ne s'était pas acquitté artistement de ses fonctions. La corde de la potence avait cassé, le patient avait beaucoup souffert avant de rendre l'âme.

Aujourd'hui on prévient ces réactions, qui tiennent autant de l'indulgence que de la pitié des masses, en faisant, comme en France, les exécutions capitales dans des endroits éloignés et à la pointe du jour.

LETTRE X.

La Religion et le Culte extérieur
chez les Napolitains.

Il marito. — Les génuflexions au théâtre.

Pour un peuple aussi impressionnable et aussi ex-
pansif que le peuple napolitain, la religion ne peut être
qu'un sentiment, et le culte qu'une manifestation théâ-
trale. Cela se voit dans toutes les circonstances. Partout
on a cherché à parler aux yeux et au cœur beaucoup
plus qu'à l'esprit de ce peuple. Je t'ai déjà entretenu
de l'immense multiplicité de madones et des peintures
diverses destinées à lui rendre sensibles les promesses
et les menaces du christianisme, ajoute à cela la multiplicité des cérémonies, des pratiques et habitudes
religieuses auxquelles on l'assujettit dès l'enfance, et qui
plus tard exercent sur toute sa vie une tyrannie de
tous les instants dont il voudrait vainement s'affranchir,
tellement elle a pour elle l'opinion des masses, qui
l'imposent même aux étrangers. Un fait arrivé à un
de mes amis qui faillit en être victime, va te faire
juger de la puissance brutale de cette opinion. Il y a
régulièrement à Naples deux ou trois processions par
jour, sans compter le passage du viatique qui n'est pas
moins vénéré par tout ce qui circule, voit ou entend.

Fût-on à l'extrémité de la rue, dans le fond de son
cabinet, chez sa maîtresse ou au théâtre, en public
comme en particulier, il y aurait crime à ne pas fléchir
le genou. Cet ami dont je te parle, c'est un français,
était un soir au théâtre où il ne s'attendait certes pas
à rencontrer cette race épidémique des génuflexions;
on jouait *Le Génie de la forêt*, par Trafieri, un des meilleurs ballets du répertoire napolitain. — Vient un
moment, au fort des mimeries chorégraphiques, où des
amours jouflus et de pétulants farfadets voltigent et
se trémoussent sur la scène en se laissant poursuivre
par des silènes au ventre rebondi. — Soudain un bruit
aigu part du dehors. — C'est la cloche du Saint-
Sacrement. — « A genoux, à genoux ! » s'écrient mille
voix pieuses. — La moitié de la salle se prosterne.
— Le français, en petit-fils incorrigible de Voltaire,
se sent pris à la rate d'une formidable démangeaison.
— « A genoux, à genoux ! » répète à crescendo le chœur
des voix indignées — et les coulisses de suivre le
mouvement du parterre, et farfadets, amours, silènes,
de s'humilier profondément et de marmotter des patenôtres, et de se frapper la poitrine avec componction !
Pour le coup le français n'y tint plus et lâcha la bride
à son hilarité. — Par malheur, un fait bizarre vint
en quelque sorte donner raison de son irrévérence et
contraster d'une façon plaisante avec l'aspect recueilli
du public. — Un petit amour suspendu dans les airs,
et las apparamment de sa position élevée, criait à tue-
tête qu'il n'en pouvait plus, qu'on lâchât la ficelle et

qu'on le descendit sur le sol — le tout accompagné de
la pantomime expressive d'un nageur entre deux eaux.
— Monté sur le faîte, le patient aspirait à descendre.
— Cris superflus! Le machiniste préposé à ses évolu-
tions aériennes n'avait pas encore égréné toutes les
dizaines de son rosaire, et, dans la salle, les *oremus*
allaient toujours leur train.

Je vous laisse à penser si ce spectacle, inédit pour
lui, dût mettre notre parisien en belle humeur. —
Il se tordait littéralement dans sa stalle; ce n'était
plus du rire, c'était des larmes, des spasmes violents,
une sorte de danse de St-Guy. — Il rit tant et si
bien que le parterre s'ameuta, — quelques fanatiques
lui montrèrent le poing; d'autres faisaient mine de
monter dans sa loge pour le rappeler à des sentiments
plus chrétiens. — Il jugea prudent de s'esquiver, mais
ce ne fut pas sans peine. — De menaçantes huées le
poursuivirent jusque dans les couloirs; et sans quelques amis qui lui firent escorte pour le protéger, il
aurait eu du mal à sortir sans avaries des griffes de
MM. les sbires. — La leçon était bonne: il jura bien
qu'on ne l'y reprendrait plus.

A ce propos de génuflexions, il me souvient d'une
histoire de *marito* que je veux te raconter: un jour
une de ces nombreuses processions s'acheminait avec
lenteur au bout de *Largo Castello* vers un des vicos
ou faubourgs aboutissants. Soudain, passants, flâneurs
et boutiquiers de se prosterner la face contre terre
dans le ruisseau, sur un tas d'ordures, n'importe où,

pourvu qu'ils se montrent à genoux. Seule une femme
du peuple se tient, sur le seuil de sa maison, presque
debout et la tête légèrement inclinée. Tous les fidèles
émus de cette posture irrévérencieuse lui crient avec
épouvante d'imiter leur exemple et de s'agenouiller
sur le sol. Elle rougit, pâlit, fait des signes de détresse,
mais ne change pas d'attitude. Une catastrophe est
imminente. En effet, un gros moine et un sbire barbu
s'élancent vers elle, la somment de s'humilier et l'ac-
cablent de coups. Rien n'y fait, la victime ne bouge
non plus qu'un terme, — alors le moine la saisit par
la nuque et la renverse brutalement, *O Dio!* —
Satanas! s'écrièrent ensemble les deux bourreaux,
« la malheureuse avait un *marito* sous ses jupes ! »
  Maintenant il faut que tu saches qu'un *marito* (un
mari) c'est tout bonnement un pot-à-feu, remplaçant
ce que nous appelons une chaufferette, plus commu-
nément un gueu. En hiver les rues de Naples en four-
nissent de nombreux spécimens. Dans cette saison
relativement rigoureuse, les femmes du peuple font
leur *vade mecum* de ce pot à deux anses où se con-
serve, sous la cendre, un peu de braise allumée. Ce
meuble de luxe, sous un ciel aussi clément, — mais
non pas luxueux, vu la matière dont il est pétrit,
— leur sert à se réchauffer les mains. Elles ne sau-
raient s'asseoir au seuil de leur porte, ni même s'établir
à leur fenêtre, sans placer devant elles ce cher et indispensable *marito*. Cette dénomination est-elle un com-
pliment à l'adresse de leurs époux ou bien une satire

à leur encontre, et ne trouvent-elles que dans ces terrines le degré de calorique qu'elles voudraient voir en eux? «Je ne sçais,» dirait Charron. «Que sçais-je,» dirait Montaigne. Pour moi je penche vers la satire. Mais *quid ad reus*? Toujours est-il que mettre un *marito* sous ses jupes est un grave oubli des convenances, je dirai même une faute que beaucoup de femmes ne voudraient point commettre ou avouer pour tout l'or du monde. La pauvre bonne femme en question en est un triste exemple, car la malheureuse, affreusement brûlée, endurant d'aussi horribles tortures que ce jeune spartiate dont un renard déchirait le sein, avait mieux aimé rôtir que de laisser voir sa faiblesse, que dis-je son crime, car une faiblesse ne mérite ni la prison, ni l'amende, et la coupable subit l'un et l'autre: la prison pour le pot, l'amende pour le bon Dieu.

LETTRE XI.

Le Clergé napolitain.

**Les prêtres et la police. — *Acta et non verba.* —
St Janvier. — Pitié pour les colombes. — *I Lazzaroni.***

Cette tendance à tout régir la main levée, âmes et
corps, consciences et personnes, comme tu viens d'en
voir un exemple, mon cher Frédéric, dans la brutalité
du moine à l'égard de la pauvre femme au *marito* de
ma lettre précédente, est ce qui caractérise par excellence le clergé napolitain. *Acta et non verba*, des actions
et non des paroles, telle est sa devise et cette devise il la
traduit ainsi : *des coups et non des sermons.* Doué d'une
nature irascible et bilieuse, le moindre écart de ses pareils le jette dans une colère aveugle. Sa robe n'est plus
celle du ministre de Dieu, c'est celle d'un fanatique.
Jadis on voyait journellement au milieu des rues, en
pleine place publique, des prêtres administrant à quelques gamins une verte correction, le tricorne en déroute
et les manches retroussées. Les passants, les parents
même se gardaient bien d'intervenir, ils se découvraient
avec respect et laissaient passer *la justice de Dieu.* Ha-
bitué à ces violences, il les contemplait avec une vénération mêlée de terreur, semblable au païen qui obéis-
sait à la voix du sacrificateur, il se ferait brûler vif sur

un geste de son homme demi-dieu. Avant Garibaldi, ces gens-là se mêlaient de tout, de l'Eglise, de la politique et même — et surtout — du ménage. Ils étaient les co-mensaux de toutes les tables, les confidents de tous les secrets, les arbitres de tous les différents domestiques. On pouvait croire qu'avec les ordres ils avaient reçu le don d'ubiquité. Appliquant sur une haute échelle le principe d'intervention dans les affaires privées et publi-ques, il semblait que sans eux le soleil se fut arrêté dans son voyage autour du globe, car ils en sont encore là en fait de croyances astronomiques, et ils continuent pieu-sement les traditions des persécuteurs de Galilée. Les moyens les plus odieux ne leur répugnaient point pour satisfaire au dévergondage de leurs consciences. La police des Bourbons n'arrêtait guère que sur leurs dénoncia-tions et l'on sait ce qu'il y avait de prisons et de prison-niers sous ce saint régime. Les trois couvents des Jésui-tes étaient tout autant de préfectures de police. Si le gouvernement du dictateur eût voulu livrer à la publi-cité une partie des procès-verbaux conservés aux archives, il ne serait pas resté une seule pierre de ces trois couvents.

On conçoit qu'avec une telle irritabilité, la volupté devrait être, chez ces hommes, une passion terrible. Beaucoup de prêtres et surtout ceux qui — par la déla-tion et l'intrigue — étaient montés aux plus hauts em-plois, n'étaient pas exempts de ce vice immonde qu'on a reproché aux Grecs les plus illustres, de ce vice qui énerve le corps, avilit l'âme et contribue à la dégénéres-

cence de l'humanité. Faut-il les condamner pour une
semblable bagatelle? mon Dieu, non! Demandez plutôt
l'opinion du lazzarone à ce sujet. Il vous récitera pour
toute réponse les éléments du catéchisme napolitain en
les assaisonnant de commentaires dans le goût suivant :
« Après tout, dira-t-il, ils troublent encore moins la tran-
« quilité générale que ne pourraient le faire les mauvais
« ménages, la séduction des femmes et les bâtards qui
« détruisent la félicité domestique. »

On voit que le lazzarone, par grâce singulière, est
plus philosophe, plus sage et plus généreux que nous.
Loin de lui la logique impitoyable et brutale. Il ne va pas
criant à tue-tête par dessus les toits : « frappons, frappons ces impurs. » Il prie du fond de son cœur que
Dieu le délivre d'un joug pesant et de jour en jour plus
difficile à porter.

De ce sentiment intérieur de religion ou de pieuse
résignation, aux signes extérieurs de piété, il n'y a
qu'un pas.

Sans parler des madones, dont les niches pullulent,
comme à Paris les becs de gaz, chaque quartier,
je dirais presque chaque maison a son saint et son
miracle spéciaux. Si les deux cierges traditionnels venaient à s'éteindre ou qu'il y eût pénurie complète de
cire et d'huile, les lazzaroni brûleraient leur propre
domicile plutôt que de priver le patron de son éclairage
permanent. Sa première pensée, au saut du lit, n'est
pas de souhaiter le bonjour à sa femme, ni d'embrasser
ses enfants, mais de mettre le nez à la fenêtre pour voir

6

si le feu sacré brûle toujours. Son premier mot est : *va bene,* c'est-à-dire : « tout va bien, les chandelles du saint « sont allumées ! » Alors il se met à genoux et débite ses patenôtres. Le jour de la fête de son patron est un grand événement. Sous l'ancien régime on s'y préparait huit ou quinze jours à l'avance, et l'on chômait le restant du mois. Dans les temps difficiles, la police faisait la moitié des frais.

Le miracle de St Janvier est trop connu et surtout trop plaisant pour qu'on s'avise d'en reparler et de faire honte à de pauvres ignorants dont le seul tort, en définitive, est d'être naïfs et crédules à l'excès. Le miracle de la fiole s'opère, depuis des siècles, le 25 septembre de chaque année avec une régularité parfaite. Garibaldi s'inquiéta moins que Championnet du résultat de cette ébullition merveilleuse. Il comptait assez sur l'intelligence du clergé resté fidèle à la patrie. Sa confiance ne fut pas trompée.

La célébration des fêtes de la Pentecôte et du St-Esprit m'a remis en mémoire une coutume barbare encore en vigueur dans certaines villes de France, et que je n'ai pas manqué de retrouver à Naples. C'est le sacrifice de l'inoffensif pigeon et de la tendre colombe que l'on cloue tout vivants, ce jour-là, aux portes des églises. Idée stupide et féroce que je dénonce aux membres de la société protectrice des animaux.

Il est surprenant qu'après de telles pratiques superstitieuses ou tout au moins bizarres, quelquefois cruelles,

on n'ait pas songé à exploiter chez les masses une passion terrible, celle du jeu, les bureaux de loterie, les
cartes, le loto même; tous ces jeux que le peuple cultive
et le jour et la nuit avec une sorte de frénésie. Que de
livres à écrire ! Que de temples, que de statues à édifier!
Que de cierges, de pétards à brûler en faveur de la
Fortune, se disent tous les jours les bureaux de loterie
dont Naples est infesté. Mais le calendrier a fort heureusement compris cette impure capricieuse dans l'intérêt du peuple *lazzarone*, --

Lazzaroni, *lazzari*, dont le patron était Lazare, c'est-
à-d're mendiant, lépreux, vagabond. On évalue à près
de 40,000 sur une population de 600,000 âmes le nombre de ces prolétaires. Ils peuvent être classés ainsi :

-- Dix mille sans asile, couchant sur les trottoirs, sur
le seuil des portes, sur les bancs de promenades, sur les
bateaux de pêcheurs et sur la grève de la mer.

-- Cinq mille dans les prisons de Naples et des environs.

-- Huit mille pêcheurs de corail et de poissons.

-- Deux mille portefaix.

-- Dix mille marchands de fruits, de limonades, caba-
retiers, taverniers, diseurs de bonne aventure et joueurs
de cornemuse

-- Le reste, profession complètement inconnue, ni
mendiants, ni vagabonds et paraissant tout d'un coup
dans les temps de révolution. On ne sait où ils passent.
Ce sont les rois de Bohême. Quelques-uns, assure-t-on,
possèdent des trésors. Jusqu'ici ils ont disparu avec les
Bourbons.

LETTRE XII.

Les Lampions et les Pétards.

Comme tu le comprends, mon cher Frédéric, en Italie
et à Naples surtout, la religion est une affaire des
sens. Aussi est-ce par les sens que le clergé napolitain s'efforce de maintenir les populations soumises à
ses prescriptions et à son arbitraire direction. Non
seulement il solennise lui-même avec pompe dans ses
églises et dans ses processions presque tous les saints
du calendrier, mais il tient la main, de concert avec la
police, à ce que les habitants témoignent aussi par des
réjouissances extérieures la part qu'ils prennent à cette
solennité. De là, cette multiplicité de lampions que l'on
voit presque chaque soir étaler par ordre sur les fenêtres leur clarté fumeuse. L'hiver une pareille obli-
gation n'était qu'onéreuse, mais nullement incommode
— à la faveur de cet éclairage pieux on pouvait dis-
tinguer, et par suite éviter les hideux troupeaux de
cochons noirs qui trottaient en grognant par les rues
— mais en été, c'est un supplice intolérable ; — aussi
les gens de qualité et tous ceux que des occupations
tyranniques ne retiennent point *intra muros*, allument
leurs lampions, pour satisfaire à la loi, et se sauvent
aux champs, pour échapper à l'asphyxie. On a bien

la perspective de trouver, au retour, son logis incendié
— mais ne vaut-il pas mieux courir cette chance désastreuse, que d'affronter le courroux de messeigneurs l'archevêque et le ministre de police?

Quand on dresse l'inventaire des réjouissances *forcées*, auxquelles l'autorité cléricale ou laïque conviait annuellement la gent napolitaine, on est effrayé du nombre prodigieux de lampions que chaque particulier, riche ou pauvre, était contraint de consommer, à la plus grande gloire des Bourbons et de son éminence le cardinal-archevêque. C'était un impôt comme un autre, et même plus ingénieux qu'un autre. En effet, le peuple s'insurgerait-il contre une taxe levée uniquement pour son plaisir et pour la glorification des deux plus respectables choses du monde, la monarchie et les saints? Ce serait le comble de l'ingratitude et de . . . l'impiété!

Cet impôt non classé, et *tout de luxe*, pourrait être baptisé *l'impôt du suif*.

Sous le règne de Ferdinand, la police avait découvert un système d'espionnage assez original.

Le lampion était le thermomètre d'après lequel on appréciait les opinions politiques et le chauvinisme plus ou moins intense des particuliers. — Et voici comment: — les jours de fête, ces messieurs de la camarilla laissaient leurs *ouailles* en paix jusqu'à la nuit. — Le soir venu, ils attendaient que l'illumination fût complète: alors des ombres silencieuses se glissaient le long des murs, et notaient scrupuleusement le nombre de luminaires disposés sur les fenêtres. La suspicion

était en raison inverse de l'éclairage: — moins on avait
de lampions, plus on était suspect.

Cette maison a fait bien pauvrement les choses: c'est
le domicile d'un tiède — on le surveillera! — Cette
autre est d'un terne insurrectionnel: elle recèle pour
le moins quelque dangereux conspirateur -- on la
fouillera! -- Ces faits ne sont malheureusement point
une exagération.

J'ai vu de mes yeux un rapport signé par je ne sais
quel bandit; il était conçu de la sorte: « *Il signor
Pasquale Otto* (profession... domicile, etc., etc., quinze
lampions -- deux lanternes vénitiennes, une chinoise.»
Et dans la colonne suivante: — «soupçonné de libéra-
lisme!»

Un français dont je puis citer le nom, M. Colson,
dentiste, rue de Tolède, m'a raconté l'anecdote suivante
dont il fut lui-même le héros et presque la victime. --
C'était en 1857 -- la reine venait d'accoucher. -- Le
soir de cette heureuse délivrance, Naples resplendissait
d'illuminations — seule, la maison de notre dentiste
s'effaçait dans une ombre modeste, à laquelle l'éclat
des autres demeures donnait un faux air de parti pris.
Le lendemain, on le mande à la préfecture de police.
«Monsieur,» lui dit d'un ton sec -- une manière d'inquisiteur -- « vous avez tenu tel propos contre le roi et
tel autre contre la reine. -- Monsieur plaisante, interrompit M. Colson, je m'occupe de râteliers et point de
politique -- pardon, pardon, les rapports sont exacts,
les preuves palpables.

« Mais encore faut-il que je les connaisse ces rapports, que je les entende ces preuves! citez des noms, produisez des témoins.

« Oh! pour cela, monsieur, c'est de toute impossibilité! le plus grand mystère doit envelopper les procédures... D'ailleurs, vous n'aviez point de lampions!

« Des lampions! c'est pardieu vrai! s'écria M. Colson en éclatant de rire. -- Vous riez, monsieur, fit l'inquisiteur avec colère; rendez grâce à votre qualité de français; elle vous tire d'un bien mauvais pas, puisqu'elle vous sauve la prison et peut-être..

« La vie, n'est-ce pas? Je n'avais pas de lampions, donc je conspirai contre le roi! Je n'avais pas de lampions, donc j'en voulais aux jours de la reine!

« Sachez bien, monsieur, que vous avez donné par cette abstention une preuve évidente de mépris envers notre gouvernement. -- Allez et soyez dorénavant plus docile à vous conformer aux us et coutumes des pays que vous habitez. Je vous en tiens quitte pour cette fois, mais que la leçon vous profite à l'avenir.» -- M. Colson sortit en faisant des efforts héroïques pour ne pas perdre sa gravité.

Le soir du jour où Victor-Emmanuel était entré dans Naples, côte à côte avec le libérateur des Deux-Siciles, je fus témoin d'un fait sans précédent dans l'histoire du lampion et du parapluie. -- Il pleuvait; néanmoins en dépit de l'averse, tout était prêt pour une splendide illumination. Je passais devant l'église de la Ste-Trinité. -- Du haut en bas, depuis le perron jusqu'à la cor-

niche, elle était littéralement constellée de luminaires.
On en voyait partout, sur la tête des saints, aux pieds
des saintes, entre les mains des anges, sur le rebord
et dans les ciselures des niches. -- Celle qui renferme
le Christ, vêtu d'une robe de chambre en soie rouge,
était gardée par un *lazzarone* dont l'attitude singulière
attira mon attention. -- Il était armé d'un parapluie
sous lequel il abritait le Divin-Maître comme sous un
dais d'honneur. -- Je crus, un instant, à quelqu'une
de ces pasquinades religieuses dont les gens de son
espèce sont coutumiers : -- un passant me détrompa.

Cet homme remplissait une mission officielle qui
consistait à garantir de la pluie la robe de chambre,
à la replier une fois l'heure venue et à souffler les
lampions quand la nuit serait plus avancée.

Le pétard est le digne rival du lampion. -- On en
brûle moins souvent, il est vrai ; mais la consommation
en est plus abondante et plus expéditive. -- Dieu vous
préserve de débarquer à Naples pendant les fêtes de
Noël, de Pâques ou de l'Immaculée-Conception ! En
tous cas si votre mauvaise étoile vous y conduit au
moment de ces solennités, cloîtrez-vous dans vos appartements, et gardez-vous bien de mettre le nez à
votre fenêtre, ou de vous hasarder par les rues. --
Elles sont *mortelles* et vous courriez le risque -- sinon
d'être incendié tout vif -- au moins d'être brûlé par-
tiellement et roussi pour le restant de vos jours.

Pendant trois jours et trois nuits, toutes les croisées
des maisons, celles du noble millionnaire comme du

bourgeois opulent, de l'industriel aisé comme de l'ouvrier nécessiteux, vomissent un feu terrible de mousqueterie. -- Ce feu commence dès une heure du
matin, pour cesser au coup de minuit. -- C'est donc
à peu près une heure de repos sur vingt-quatre, soit
trois sur soixante-douze -- Le signal part des postes
occupés par les troupes : ils exécutent, en manière de
ballon d'essai, un feu de deux rangs ou de peloton,
suivant le nombre d'hommes qui les composent.

Cette pétardomanie, loin de se calmer avec les tem-
pêtes politiques, ne fit que grandir sous Victor-Emmanuel. On ne peut s'imaginer les inquiétudes mortelles
que les gens timides et pacifiques éprouvaient à certaines heures de la nuit. J'entendis, un matin au déjeûner,
deux honnêtes bourgeois à la Prud'homme s'épancher
dans le sein l'un de l'autre et se confier leurs alertes
nocturnes.

« Nous l'avons encore échappée belle ! disait l'un en
savourant un énorme bol de chocolat. -- Bah ! ce sera
pour la nuit prochaine ! repartit l'autre en s'ingurgitant
son potage d'un air résigné. »

Sur le parcours d'une procession la mousqueterie
ressemble à la canonnade. -- Une nuée de bambins et
d'enfants de chœur ouvrent la marche. -- Ils sont
pourvus de munitions qu'ils lancent au hasard dans les
jambes des passants, sous les jupes des femmes, entre
les pieds des chevaux. -- Plus d'une fusée indiscrète et
mal apprise vient s'applatir sur le nez des chanoines ou
contrarier dans leur équilibre les bésicles des dévotes.

-- Mais pareils à ces héros d'Horace que la ruine du monde trouverait impassibles, ces pieux personnages poursuivent leur marche avec ce calme que donne une bonne conscience et cette lourdeur d'allures que communique à tout le corps un estomac trop bien lesté.

Je ne sais dans quelle paroisse entrait dernièrement une de ces processions, au moment où l'on franchissait le seuil, une effroyable détonation se fit entendre ; puis un feu d'artifice des plus éblouissants illumina la nef intérieure, noyant le chœur, l'autel et le tabernacle dans un océan de gerbes enflammées. -- Il y eut bien par ci par là quelques contusions, quelques brûlures, et je suis sûr que plus d'un bourgeois napolitain a gardé sur ses habits et sur sa peau les marques vives de cette mémorable cérémonie, mais on offrait cette petite épreuve en sacrifice au Seigneur, et l'on songeait que les chrétiens des premiers siècles en avaient vu bien d'autres par le triomphe de la foi ! -- Ce n'était là que le prologue, la première bordée. -- On apporta de nouvelles munitions, et la pluie de feu reprit de plus belle, au milieu des psalmodies nasillardes et du grondement continu des pétards.

Aux dernières fêtes de Noël, le gouverneur essaya de supprimer cette bruyante coutume. -- Les marchands de pétards, menacés dans leur commerce, s'insurgèrent. Ils firent observer, non sans raison, qu'ils étaient plus de deux mille exerçant dans Naples, une industrie éminemment constitutionnelle ; que cet acte, dont tout l'odieux rejaillirait sur la nouvelle administration, consommait

d'un seul coup leur ruine et les mettait sur la paille, eux,
leurs femmes et leurs enfants. La pathétique allocution
dont nous venons d'exprimer le suc émut le gouverneur; il leur rendit le privilége de vendre sur la place
publique. — Le soir du jour où fut promulguée cette
autorisation, la ville faillit s'abimer dans les flammes. —
Plusieurs magasins des industriels dont elle proclamait
les droits, s'embrasèrent comme par enchantement dans
la rue de Tolède. — Ce témoignage de gratitude offert
au gouverneur eut pour résultat de détériorer la devan-
ture des boutiques, sans parler du visage des badauds,
où la reconnaissance des marchands de pétards s'ins-
crivit en caractères de feu.

Le lendemain, sur leur demande, la garde nationale
consentit à prêter ses pompes, on ne sait pas ce qui
peut arriver. — Cette précaution qui constituait une
sorte d'assurance contre l'incendie, fit faire une énorme
recette aux marchands de pétards. —

Aussi, dépêchèrent-ils les gros bonnets de la corpora-
-tion au commandant en chef de la garde nationale, pour
lui témoigner toute leur sympathie, et lui offrir, comme
gage d'estime, des échantillons variés de leurs produits.

LETTRE XIII.

Sur le Célibat du Clergé napolitain.

Les capucins. -- La famille improvisée. -- Le cri du sang. -- La cellule de l'abbé Carlo. -- L'amante éplorée. -- Jalousie et vengeance. -- Nouvelle histoire d'Adam et d'Ève. — Le catéchisme napolitain. -- Un banquet de capucins. --

Le célibat des prêtres est une loi dure et surhumaine. -- En France, on a crié, déclamé, protesté vivement contre ce canon ecclésiastique, qui fait sauter en l'air, passez-moi le jeu de mots -- tant de réputations et de vertus qu'on croyait plus solides que le roc. -- Nous citons aux ultramontains l'exemple de l'Angleterre, ils vous répondront en vous montrant Naples: -- « Votre Diderot, disent-ils, n'est qu'un rhéteur impur; sa religieuse n'est qu'un ignoble pamphlet contre de sages institutions, qui renfermèrent dans leur sein des princesses du sang et l'élite de la noblesse! Vous déblaterez contre les rigueurs de la vie monastique, vous prétendez que partout elle n'engendre que vices et turpitudes -- allez donc à Naples, et vous verrez que dans cette ville toute peuplée de couvents, les hôtes des saintes demeures sont en tout lieu l'objet de la plus grande vénération. -- Demandez si de mémoire d'homme -- on y peut citer un crime, un seul, « commis soit par un moine, soit par un prêtre séculier.» — Ces assertions ne manquent pas de fondement. — Il est certain que nulle part les ordres religieux, et Dieu seul pourrait dire leurs noms de toutes espèces et leurs robes de toutes couleurs, ne sont aussi vénérés, aussi choyés, aussi dorlotés. — Entrez-vous dans un café, vous ne sauriez vous asseoir sans frôler la bure de Saint Dominique ou de Saint François.

Chez le tavernier, à la guinguette, même profusion de froc — froc et broc cela rime ; — même luxe de dominicains et de capucins ; — on les trouve là, riant, causant, buvant et mangeant comme en famille. — Ils paraissent jouir d'un si béat contentement qu'on éprouve à les voir une terrible envie de quitter le frac pour le froc, et le drap fin pour la laine grossière. — Ce sont, en effet, les heureux de ce monde. — Car, outre la perspective consolante de posséder le bonheur éternel, aucune des satisfactions et des joies terrestres ne leur est étrangère. — Souvent, même, ils goûtent, — sans qu'il y paraisse — les douceurs de la famille, dans ce qu'elles ont de plus intime et de moins canonique, comme il résulte du fait suivant dont nous garantissons l'authenticité :

Lorsque la cour, chassée de Naples par Garibaldi, se fut retirée dans Capoue, des personnages officieux vantèrent au dictateur la charité de certains desservants. — Ils distribuaient, lui disait-on, des aumônes abondantes à d'innombrables nécessiteux qui mourraient, sans leurs secours, de misère et de faim.

L'âme de Garibaldi s'émut au récit de cet acte gé-

néreux. -- Il manifesta le désir de voir ces bons prêtres
et de les féliciter. -- On les prévint, et flattés de cette
courtoisie, ils accoururent chez le dictateur. -- Une
longue file de marmaille marchait en bourdonnant derrière eux. -- Pourquoi tous ces bambins? fit un officier
intrigué par cette curieuse escorte. -- Ils sont de la
paroisse, monsieur, ce sont les fils adoptifs que nous
secourons. ...

Adoptifs, tant que vous voudrez, continua le curieux :
c'est beau, c'est humain, c'est philantropique! mais
fils de qui, s'il vous plaît?

Les moines baissèrent humblement la tête et n'o-
sèrent répondre. -- Il est probable que si Beaumarchais
eut été derrière eux, il leur eut soufflé dans l'oreille :

« Soutenez, mordieux, qu'on n'a que faire de détails
« sur leur paternité et qu'on est en définitif toujours
« fils de quelqu'un. »

Ce quelqu'un on voulut le connaître, et les registres
de la paroisse ne l'apprirent que trop bien. -- Tous
ces petits sortaient de la cellule, les offrandes des fidèles
suffisaient largement à leur entretien. -- Ils étaient
d'une paroisse, c'était assez pour la police et la
conscience des gouvernants.

Je vis un jour un vieillard vêtu de l'habit de prêtre
que poursuivait une populace en délire; -- on l'accusait
d'avoir insulté l'image de Garibaldi, tenu des propos
réactionnaires, et souhaité publiquement le retour de
François II. Chacun voulait avoir un morceau de son
tricorne, un lambeau de sa soutane. -- Soudain un

virago fend la foule, s'élance vers lui et le saisissant
par le milieu du corps : — « Ne le tuez pas, s'écrie-
t-elle, c'est mon père ! » — Depuis le fils de Crésus,
de mythologique mémoire, on n'avait pas entendu un
cri pareil. — Les furieux se calmèrent, on les laissa
partir, la fille entourant le vieillard de ses bras et
le protégeant de son corps. — Cette scène fit sur moi
une profonde impression ; il me semble qu'elle valait
une belle page de Shakespeare. — Le cri de cette
femme était la condamnation du célibat ; le peuple
l'avait applaudie.

Il y a sur les murs d'un cachot de *Castel dell'Ovo*
une date que je n'oublierai jamais — on la lit encore,
écrite assez distinctement au crayon : **16 mars 184...**
le reste est effacé. — Cette date est tout un drame
— voici les détails que je dus au verbiage d'un porte-
clefs :

Un jeune prêtre nommé Carlo avait été conduit à
la forteresse et mis au secret, pour avoir trempé dans
une conspiration de *Carbonari*. — Carlo sortait d'une
excellente famille de la bourgeoisie — après avoir ter-
miné ses études il s'était jeté dans les ordres, comme
tant d'autres, sans trop savoir ce qu'il faisait. — Deux
années s'écoulèrent sans rien changer à son sort. —
Il était toujours en prison ; toutes les tentatives de sa
famille et de ses amis, pour obtenir sa liberté, étant
demeurées sans résultat. — Un jour on apprit que le
malheureux et ses complices avaient été jugés, condamnés et pendus en moins d'une semaine — mais le mys-

tère qui planait sur cette cruelle exécution fut bientôt
éclairci.

Un seigneur de la cour, le marquis de B***, vieux et
mal fait de sa personne, avait une femme jeune et
belle, dont les charmes justifiaient la jalousie du barbon.
Il apprit, on ne sait comment, que sa femme avait fait
une visite secrète à *Castel dell'Ovo*. — Pour les jaloux
qui ont dépassé la cinquantaine, du doute à la certitude
il n'y a qu'un pas. — On le trompait, c'était sûr ! mais
qui soupçonner dans ce château-fort, où le gouverneur
était un homme hors d'âge, et qui n'avait pour hôtes
que des détenus et des guichetiers ? Il se souvint de
l'abbé Carlo ; ses assiduités avant son algarade politique
lui donnaient de sérieuses inquiétudes. — Une idée diabolique traversa son esprit— Il fit venir sa femme, et de
sa voix la plus naturelle : — « Ce pauvre abbé Carlo !
lui dit-il, on vient de le condamner à mort ! » Une pâleur
mortelle couvrit le front de la jeune femme ; elle s'affaissa
sur un meuble en proie à de déchirantes angoisses.
L'Othello, sûr de son fait, jouit un moment de son trouble,
fit entendre un petit rire de démon, et la laissa froide,
inanimée, sans connaissance. Puis il se rendit chez le
ministre de la police pour lui demander la destitution
du gouverneur de *Castel dell'Ovo* ; il l'accusait d'avoir
violé sa consigne en introduisant des visiteurs chez les
détenus mis au secret. — Le ministre qui protégeait cet
homme, une de ses créatures, refusa net malgré les
instances du solliciteur. — Au même instant l'huissier
de service annonça la marquise de B***. Ce dernier n'eut

que le temps de s'enfuir dans le cabinet voisin. — La dame, à peine introduite, vint tomber aux pieds du ministre, en s'écriant : — « Excellence, il faut que l'abbé Carlo vive, ou que je meure avec lui, car il est mon amant ! »

« Je le savais, madame, reprit derrière elle une voix « menaçante ; voilà pourquoi je vous ai précédée chez « M. le Ministre : je venais lui demander la destitution « du gouverneur de *Castel dell'Ovo*, afin de le rempla- « cer et de vous surprendre moi-même dans le cachot « de l'abbé Carlo ! »

L'infortunée mourut peu de jours après Carlo. — Quant au gouverneur, on a jamais su depuis ce qu'il était devenu. — La date seule de l'exécution tracée par la main de l'amant a survécu, dernier souvenir de cette sombre histoire que le temps altère chaque jour.

Il ne faut pas croire que le peuple, le lazzarone même, ignore ces peccadilles charnelles de ses directeurs et de ses chefs religieux. Il les connaît au contraire très-souvent, mais il ne s'en émeut ni ne s'en irrite point. Il possède même à ce sujet une certaine dose de philosophie, et tout en considérant dans son panthéisme exclusif leurs prêtres comme des fractions de la Divinité, ils reconnaissent qu'en plus d'un point ils participent de notre humanité. — Il ne nie pas l'évidence, et tout autour d'eux ils en ont des preuves vivantes et palpables. — Dans leur pensée, les anges seuls sont des corps vaporeux, des formes immatérielles.

« Voyez-vous ces petits anges, me disait un lazzarone

7

« en me détaillant une de ces fresques en plein air; ils
« n'ont que des joues bouffies et de petites ailes à la
« naissance du cou. — Dieu les a privés d'un corps pour
« qu'ils ne succombent pas à la tentation. — Parmi les
« saints du calendrier, on en trouve qui se sont préser-
« vés de toute souillure; mais le nombre en est rare. —
« La plupart furent de grands pécheurs, à qui Dieu n'a
« pardonné qu'en faveur de leur repentir, et parce qu'il
« connaissait la faiblesse de leur chair. — Adam et Ève,
« dans le paradis terrestre, ont vécu longtemps l'un près
« de l'autre sans s'apercevoir qu'ils avaient tous les deux
« des formes divines, d'adorables contours.— Le jour
« où le serpent fit goûter à la femme le fruit défendu,
« le voile qui dérobait la beauté matérielle tomba tout
« à coup aux yeux émerveillés du pauvre Adam. —
« Vous savez le reste. »

Nourri dès l'enfance avec ces maximes du catéchisme napolitain, le *lazzarone*, en devenant homme,
amasse tout naturellement des trésors d'indulgence
pour les faiblesses charnelles où son demi-dieu descend
quelquefois. — Mon bon génie me rendit témoin, aux
environs de Nola, d'un spectacle aussi curieux qu'édi-
fiant. — Dans ce pays, les couvents abondent et les
frocards pullulent: — on en voit de tout sac et de toute
nuance, j'allais dire de toute corde. — Le capucin est
le format le plus répandu. — Un de ces exécuteurs
testamentaires de St-François, gros et gras comme le
mitis du bon La Fontaine, et dont la main gaillarde faisait le plus grand honneur au frère cuisinier, s'en

revenait, un beau matin, vers son couvent. -- Sur le
seuil, il fut accosté par une commère suivie de trois
ou quatre marmots; -- tous deux échangèrent les plus
tendres marques d'amitié: -- poignée de main, caresses
sous le menton, tapotement familier sur les joues, rien
ne fut épargné; -- après quoi, notre homme prit les
enfants entre les bras et leur prodigua de véritables
baisers de père... capucin, bien entendu! Puis avisant
un buisson de lauriers-roses dont les rameaux projet-
taient une ombre épaisse, il s'assit sur l'herbe auprès
de la commère, fouilla dans ses poches et sa besace,
en tira, comme d'un buffet, force victuailles, qu'il se
mit à partager fraternellement avec cette famille improvisée. -- Hé! l'ami, fit-il en interpellant par son
nom un vilain qui passait sur la route, n'aurais-tu
pas dans ta gourde une larme de vin? Hélas! non,
fratello mio, répondit le croquant flatté de cet appel;
mais veuillez prendre patience et m'attendre quelques
instants. -- Il rebroussa chemin et reparut presque
aussitôt tenant dans ses bras une énorme dame-jeanne.
-- On fit une nouvelle brèche aux provisions, et l'on
but pour le présent et pour le passé; je crois même
qu'on prit un à compte sur l'avenir. Dans l'intervalle
d'autres capucins étaient survenus, avaient vidé leurs
besaces près de celle du confrère, et le repas de
famille avait pris la physionomie d'un banquet; -- puis
quand ils furent pleins comme des grives, ils récitèrent
en commun le chapelet et congédièrent femme et marmots, lesquels, par parenthèse, s'étaient pendus à la

robe du gros moine et ne voulaient plus le lâcher : —
« *padre, padre,* hurlaient-ils d'une voix lamentable, *non
andate via* (1). J'avais envie de joindre mes prières aux
leurs, ils ne m'en laissèrent pas le temps; aussitôt
qu'ils m'aperçurent, ils se levèrent en sursaut, en
criant : *francese ! francese !* du même ton qu'ils auraient
pu dire : gare ! gare ! un chien enragé !

Certaines histoires romanesques plutôt que scanda-
leuses courent sur le compte de plusieurs couvents.
De toutes celles que j'ai pu recueillir, voici la plus
intéressante :

Une jeune fille de race patricienne était vivement
éprise d'un jeune homme aussi distingué de tournure
que d'esprit, mais de naissance vulgaire. En vertu de
cette loi brutale qui veut qu'un grand nom épouse
un grand nom, même quand il est mal porté, et que
la richesse s'unisse à la richesse, même quand elle
est doublée d'une bêtise rare, cet amour fut naturellement contrarié. Les parents avaient jeté les yeux
sur un gentillâtre de petite cervelle, mais d'une grande
fortune, ce qui pour eux rétablissait l'équilibre. Il faut
croire que la jeune fille ne partageait pas de tout point
leur avis, puisqu'elle refusa net, après la première en-
trevue, ce prétendant honoré du patronnage paternel
et des prédilections maternelles. Ensuite, pour se soustraire aux persécutions domestiques et ne point laisser
mourir son préféré de désespoir, elle consentit, la

(1) Père, père, ne t'en vas pas !

pauvre innocente, à se faire enlever par lui. Cette conspiration *d'amante* fut découverte. Le même véhicule qui devait emporter loin de Naples la belle et son ravisseur, servit à la conduire dans un couvent. On l'enferma dans une cellule confortablement meublée ; mais toutes les fenêtres en furent grillées avec le plus grand soin. La plus incorruptible des sœurs tourières fut donnée pour compagne à la jeune recluse. Elle avait pour mission de ramener au bercail, par des discours bien sentis, cette brebis égarée, mais surtout de faire bonne garde auprès d'elle.

La dite brebis ne pouvait descendre au jardin qu'à l'entrée de la nuit et qu'en ayant sur les talons ce caniche en cornette, dont les aboiements pleins d'onction lui rendaient la promenade insupportable. Mais l'amour est un petit dieu, spirituel comme Voltaire, audacieux comme un zouave, ailé comme un papillon. Il passe à travers les trous de serrure, glisse entre les griffes des jaloux et franchit les murs des jardins. De sa petite voix mignarde, Cupidon ferait crouler le plus imprenable de tous les forts, ainsi que la trompette des Lévites fit crouler les murs de Jéricho. — Sur ses frêles épaules il soulèverait, comme Samson, des portes d'airain aussi massives que celles de Gaza, et tordrait de ses ongles roses les plus épais barreaux de fer. La nonnette le savait si bien que cette consolante certitude lui fit prendre son mal en patience et rejeter bien loin la pensée du suicide qu'elle avait conçue le premier jour de son incarcération

Un soir notre récluse, flanquée de son inévitable argus, faisait au jardin sa promenade habituelle. En longeant le mur, elle entendit une voix douce comme les caresses de la brise et faible comme un soupir d'enfant, murmurer le refrain d'une romance bien aimée. Cette romance que l'amour lui avait apprise, c'est l'espérance qui la lui rapportait. Aussi, son cœur et son âme s'élancèrent-ils vers l'endroit d'où partaient ces accents chéris. La voix se tut.

— « Rentrons, ma sœur, dit la tourière d'un air de biche effarouchée. Si la supérieure apprenait que je vous laisse entendre ces chants profanes, ce serait fait de moi, elle me chasserait sans miséricorde.» Ah! si je pouvais en dire autant pensa la nonnette dont le cœur battait avec force et dont l'oreille tendue vers le mur semblait aspirer les derniers murmures de la voix.

— « Rentrons vite, reprit la tourière, d'ailleurs l'air commence à devenir frais et l'heure de la promenade est presque écoulée.

— « Oh! mon Dieu, s'écrie tout à coup la prisonnière en portant la main à son visage. » — « Mais qu'avez-vous donc ma sœur et quelle mouche vous pique? »

— « Regardez ici, tout au-dessus de ma tête, c'est ce gros frelon qui m'a planté son dard dans la joue! »

En même temps pour châtier la bête scélérate, elle lance en l'air son éventail, lequel, par un hasard bien involontaire sans doute, saute par-dessus le mur, un mur de couvent, dix mètres de hauteur.

« Doux Jésus! mon éventail, s'écria-t-elle d'un air désolé, il est tombé dans la rue!»

« —Tant pis pour vous, dit la tourière, vous n'êtes qu'une étourdie. Il fallait songer que le mur ne monte pas jusqu'au ciel comme l'échelle de Jacob. Rentrons, sans plus tarder.»

« — Plus qu'un instant, ma bonne sœur, plus qu'un pauvre petit instant! La soirée est si belle; et puis, continua-t-elle avec un soupir, les chants profanes se sont tus!»

« — Pas une seconde, interrompit séchement la tourière, ma consigne est formelle et je n'y puis manquer sans perdre la confiance de l'abbesse et les grâces du bon Dieu!»

La petite rusée ne se tint pas pour battue; elle pleura, gémit, s'arracha les cheveux, en murmurant au milieu de ses sanglots: « quel malheur! un éventail qui venait de Rome! un éventail bénit par notre Saint-Père. C'est ma mère qui me l'avait donné! Oh! j'en mourrai, c'est sûr; et vous ma sœur, Dieu vous punira de cette mauvaise action.»

La menace du courroux céleste toucha l'incorruptible matrone, elle consentit à quitter un instant la jeune fille pour aller à la découverte de son précieux bibelot. Elle avait à peine disparu que la novice grimpait allégrement l'escalier de sa cellule, revêtait en toute hâte la robe et le voile de la tourière et gagnait la porte du couvent, avant que l'argus ne fut rentré muni du malencontreux éventail.

Les jeunes gens furent condamnés par contumace à la prison perpétuelle, mais ils avaient eu le bon esprit d'aller à Gênes se forger des fers plus doux que ceux de la Sainte-Congrégation.

LETTRE XIV.

Les Novices et les petits Abbés.

Au confessional. — L'amour en l'air. — Le langage des
éventails. — L'art de payer ses dettes. — Les faiblesses
de la reine Marie-Caroline. — Un peu, beaucoup.

A Naples, mon cher Frédéric, toutes les jeunes filles
qui font leur éducaton dans les couvents, au Sacré-
Cœur, chez les Dames de la Foi portent, comme leurs ins-
titutrices, le nom de religieuses; de même que les jeunes
garçons élevés au Séminaire sont traités de petits abbés.
C'est bien le cas de dire qu'ils en ont l'habit et point
l'âme. La jeune religieuse du Sacré-Cœur va-t-elle en
congé dans sa famille, elle rajuste les plis de son voile
noir couvert de riches broderies, s'arme de son éventail,
serre autour de sa jambe mignonne les cordons d'un
petit soulier rouge, vert ou bleu, et dans ce coquet équipage gagne lestement le toit paternel. Qu'elle y rencontre un frère, un cousin sous le costume élégant du petit
abbé, elle lui caresse gentiment le menton du bout de
son éventail et se laisse quelquefois embrasser par dessus son voile. Tous deux causent avec vivacité, mais
leur conversation n'a rien de mondain, ni de senti-
mental, comme on pourrait le croire. Ils se racontent
combien de fois ils sont allés à confesse et combien de

cantiques ils ont appris chez leur maitre de chapelle....
Quant aux petits abbés, ils ont un costume plein d'originalité et de coquetterie : soutane violette garnie de
boutons écarlate, bas rouges, souliers vernis avec
boucle d'acier et tricorne presque aussi retroussé que
celui d'un mousquetaire. D'ailleurs, s'il est vrai quelquefois parmi nous que l'habit ne fait pas le moine, nulle
part ce proverbe ne se trouve aussi complètement justifié.
Le costume religieux n'est pas plus chez les hommes que
chez les femmes l'indice de l'initiation aux ordres sa-
crés. Il n'est pas rare de rencontrer sur son chemin
des façons de béguines, toutes de noir vêtues, la tête
emprisonnée dans une coiffure de toile blanche qui dissi-
mule leur chevelure et les fait ressembler à des spectres
ambulants. J'en ai vu passer dans de somptueux équi-
pages au milieu de la plus mondaine compagnie.

Un soir, dans un bal donné par le marquis T.... aux
officiers garibaldiens, je fus surpris de voir une femme
d'un âge mûr faire dans cette bizarre toilette les hon-
neurs de la soirée. Ce fait si peu conforme à nos mœurs
déroutait toutes mes notions sur l'étiquette et je fis part
de mon étonnement au jeune Paolo C.., un des familiers
de la maison que je venais de voir, causant et riant
avec cette singulière maîtresse de cérémonie. C'est la
signora Carlotta T..., me répondit-il, la sœur de notre
hôte, une des plus charmantes femmes napolitaines. Elle
fait partie d'un ordre semi-religieux, semi-laïque dont
les observances consistent à porter invariablement
ce costume austère, et à se conserver parmi les agita-

tions mondaines cette fleur de chasteté que les grilles du cloître sont quelquefois impuissantes à garantir des orages. Celles qui font vœu d'y conformer toute leur vie sont connues sous le nom de *Monache di Casa* (nonnes du logis). Nous n'avons pas de grande maison qui ne compte une *monaca di casa;* du moins il y en a peu qui, possédant plusieurs filles, ne cherchent pas à diriger en ce sens les aspirations et les goûts d'une d'entre elles. C'est pour la famille une garantie de bonheur, une sorte de talisman contre la mauvaise fortune.

Le confessionnal joue aussi un grand rôle dans la vie des dames et des jeunes filles napolitaines. On peut dire que les abords en sont aussi fréquentés que les promenades publiques et les cafés. On s'y donne rendez-vous à la grille du père un tel, comme sous la charmille de tel jardin. Là chacun rit et bavarde à voix basse. On y cause *pianissimo* affaires, sentiment, politique. De quoi n'y cause-t-on pas? On substitue volontiers aux actes préalables indiqués dans le livre d'heures une exécution en règle du prochain. Le pardon est si près de la faute! Les jeunes filles marchent vers le terrible tribunal avec une résignation toute charmante, le livre d'heures en main et la tête penchée derrière leur éventail. On affirme que certains confesseurs obligent leurs pénitentes à le garder ouvert pendant la confession. C'est pour eux un organe révélateur dont l'agitation, plus ou moins vive, leur dévoile les hésitations et les scrupules de ces jeunes consciences que l'Eglise leur attribue le pouvoir de sonder et de mettre à nu. Il y a de certaines confidences qui coûtent même aux âmes les plus blasées, il y a de certains aveux qui font une station dans le gosier et qui s'y recueillent avant de se formuler aux termes contrits. Cette appréhension, quelque passagère qu'elle soit, imprime à tout le corps un léger mouvement nerveux qui se transmet à l'éventail comme une secousse électrique : « Ma fille, dit alors le confesseur d'une voix sévère, vous me cachez quelque énormité, c'est votre éventail qui me le dit. »

On m'a raconté qu'une jeune fille venait de prendre au tribunal de la pénitence la place laissée toute chaude par les genoux maternels. A voir l'impatience de ses gestes, la volubilité de son langage, on pouvait mettre en doute qu'elle éprouvât un vif plaisir à ce vertueux épanchement. Cela durait depuis un bon quart d'heure. Soudain, est-ce l'effet produit par l'aveu d'une peccadille intime ou par un lazzi du saint confident, les échos du confessional n'ont pas commis la moindre indiscrétion à cet égard là. — Soudain un éclat de rire aigu se fit jour entre les dents blanches et les lèvres roses de la jeune Madeleine ; mais en même temps une main velue passant par la grille entr'ouverte tomba sur sa joue sans dire gare ! Quelques minutes plus tard elle sortait du confessionnal calme et souriante comme une vierge qui vient de recevoir la palme du martyre. Elle glissa quelques mots dans l'oreille de sa mère qui sourit et la baisa sur la joue flagellée. — *Acta et non verba.*

Tu viens de voir, mon cher Frédéric, dans mes deux récits précédents, l'éventail des dames napolitaines jouer un certain rôle. Il faut que tu saches qu'ici il est tout un langage et, certes, les philosophes pourraient lui accorder, dans le chapitre des signes, une place avantageuse à côté du langage des fleurs. Cette méthode de conversation que l'abbé de l'Épée eût payée fort cher, est d'origine napolitaine. Je n'entends pas dire que les dames de Naples en aient gardé le privilége exclusif : elle est devenue vulgaire dans nos salons, et surtout dans ces cercles *collet-monté*, où la médisance épie les moindres paroles, surprend les moindres gestes, interprète les moindres regards, mais ne soupçonne pas toujours la rouerie machiavélique de cet innocent éventail, qui sert de contenance et parfois d'entremetteur aux femmes. — Chez nous, pourtant, ce langage a ses timidités et comme sa pudeur ; c'est surtout à Naples qu'il a, pour ainsi dire, cours légal et qu'il est devenu l'idiome ordinaire des amoureux et des pécheresses avec ses règles, sa syntaxe et son dictionnaire déterminés ; — règles, syntaxe et dictionnaire variables suivant les lieux : discrets au salon, pétulants au bal, réservés au prône, significatifs au spectacle. — Une femme lit-elle dans un regard d'un soupirant l'aveu d'une flamme secrète ; devine-t-elle dans un geste timide le désir ardent d'un rendez-vous ? elle approche de sa bouche la pointe de son éventail, puis le laisse tomber, ce qui veut dire : « j'y consens. » — Déployer l'éventail et le regarder d'un air rêveur en le caressant de la main, signifie : « écrivez-moi. » — Faire tourner l'éventail et le baisser : « j'irai chez vous. » — L'ap-

puyer sur l'épaule : « va, je ne le crois pas. » —
L'ouvrir, le passer sur le menton, puis sous les narines :
« je voudrais vous parler.»

Les dames de qualité s'y prennent plus expressive-
ment encore. — Distinguent-elles un jeune homme,
bien fait et de bonne mine, elles se penchent légèrement vers lui, et se relèvent dès qu'elles sont sûres
d'avoir été remarquées par l'objet de leur choix, —
surtout elles se gardent bien de jouer de la prunelle
en ce moment; mais lorsque le tour est fait, elles
jettent sur leur conquérant — est-ce conquérant où
conquête qu'il faut dire? — un coup d'œil furtif, en
laissant tomber leur éventail : — ce salut, ce regard, cette
chute, équivalent à la plus incendiaire déclaration. —
Et, si le jeune homme n'est pas un niais, il est bien
rare que deux heures plus tard il ne joue pas sa partie
dans le duo le plus expressif....

O néant de l'imprimerie !

Avant l'importation anglaise de l'incomparable cri-
noline, on cultivait à Paris un autre langage non moins
intelligible que celui des éventails, et qui nous venait
encore de Naples : — c'était le *langage des tibias.* —
Il suffit de parcourir les cartons de Gavarni pour apprécier la puissance et la limpidité de ce langage. La
reine Caroline qui possédait — entre autres agréments
— un pied d'une finesse remarquable, ne perdait jamais
l'occasion d'initier le public à cette munificence de la
nature. — Les dames de qualité suivaient son exemple.
— Sa robe légèrement relevée au-dessus de la cheville,

disait comme le premier pétale de la marguerite ef-
feuillée *un peu;*—laisser entrevoir la courbure du mollet,
c'était un indice équivalant à celui du second pétale :
beaucoup; — le découvrir totalement, c'était l'aveu
complet du dernier pétale : *passionnément.*

Il y a diverses manières de payer, ou plutôt de ne
pas payer ses dettes. — Je recommande à ces dames
de Paris la *ficelle* suivante, inventée et perfectionnée par
ces dames napolitaines, pour échapper aux transes
mortelles du quart d'heure de Rabelais. Ce n'est pas à
Naples qu'on se suicide pour un billet protesté, ni pour
une note criarde. Qu'une sommation brutale de four-
nisseur vienne troubler le repos d'une de ces créatures
vaporeuses; vous croyez qu'elle va s'imposer des pri-
vations et mettre ses bijoux en gage? Nullement. —
Elle revêt ses plus beaux atours, et se rend soit au
théâtre, soit au concert. — Là, d'un coup d'œil, elle
choisit dans la salle le pigeon qui lui semble le mieux
emplumé. — Puis elle monte dans une loge et vient
se suspendre, comme l'épée de Damoclès, au-dessus de
sa victime d'élection. — Bientôt, le quidam prédestiné
sent quelque chose lui friser la moustache ou la chevelure; il voit une feuille blanche pliée coquettement
qui papillonne autour de lui; il la ramasse et lit. —
Généralement, ces poulets-hameçons sont conçus dans
un style à la maître d'hôtel : — « *Signora,* je suis bien
« fâché de vous dire d'être assez bonne de me solder,
« etc., etc, sans quoi j'arrête votre, etc., etc... » Au
frontispice de cette pièce oratoire se trouvent imprimés

les nom, qualité, rue et numéro du plaignant. — Encore
une affaire conclue ! Ça coûte quelquefois un peu cher,
mais on se console en songeant qu'on fait une bonne
œuvre et qu'on n'oblige pas une ingrate.

LETTRE XV.

Du poignard et de la *Vendetta*.

Les dames napolitaines cultivent quelquefois, à l'égard de leurs amants, un langage moins innocent, mais beaucoup plus énergique que celui de l'éventail. C'est le langage du *poignard*. En France, excepté au boulevard du crime, le poignard n'a pas ce prestige qu'il a dans les contrées du sud ; à Naples, à Madrid et à Constantinople, un poignard est un rien qu'on prend comme une épingle, qu'une jeune pensionnaire ramasserait au hasard et attacherait d'un air distrait à sa robe.

Les siciliennes, les napolitaines, les espagnoles ont été de tout temps célèbres par le petit poignard ciselé qu'elles cachent soigneusement au fond de leur corsage. Il semble qu'en leur parlant elles portent involontairement la main à leur ceinture. Quelle délicieuse rencontre! Quel charme inexprimable pour un jeune romancier échappé de l'école Bouchardy ! Si les yeux de l'héroïne sont noirs, s'ils lancent des éclairs, si son timbre est vibrant, il voit en elle une Lucrèce, une Borgia, une.... Il couve d'un regard sombre un sanglant mélodrame.... Illusion, mensonge ! cette jeune fille, devant laquelle il tremblait de tout son corps, a plus peur que lui, ou bien elle rit de si bon cœur à la vue de son visage effarouché qu'il en a les nerfs fortement agacés.

8

Ces jeunes filles lui paraissent plus naïves, plus sottes qu'une gardeuse de dindons. Il s'en va désillusionné, croyant les connaître à fond. Il ne se doute pas de tout ce qu'il y a d'énergie, de sentiment, de passion au fond de ce petit cœur si simple et dans cette figure si naïve.

A Naples, malheur à celui qui s'avise de nouer une intrigue avec uue jeune fille, ainsi que cela se fait en France. Qu'il y regarde à deux fois ; car une intrigue c'est le jeu du poignard et de l'amour. On est bien aimé quand on est sincère, mais en revanche on est terriblement puni quand on veut trahir. Je ne conseille pas aux Faublas parisiens de venir papillonner auprès des jeunes filles napolitaines. Sur vingt paris qu'il feront pour captiver un cœur (car ces messieurs du Turf et du Sport parient ordinairement pour une femme comme pour un cheval), je suis sûr qu'ils attrapperont dix-huit coups de stylet et des mieux administrés. Tout le monde connaît la terrible *vendetta*. On sait que plus d'une fois un procès, une calomnie, un propos de galant, une légère supercherie envers un cœur naïf, ont fait verser des flots de sang ; que le souvenir d'une étourderie, d'une légèreté, après avoir dégénéré en un crime horrible, éternel, ne s'éteint qu'avec une génération tout entière. La Corse en est un exemple effrayant. Aussi les galants de tout âge et de tout pays y regardent-ils à deux fois avant de conter fleurette à ses jeunes filles. Écoutez ces deux dandys qui se promènent sur le devant du café Riche, en se contant leur bonne fortune du jour. « Sur ma parole, mon cher, vous êtes né sous l'étoile du berger. Quoi ! vous allez posséder cette divine créature que je n'ai jamais osé pourchasser pendant tout l'hiver dans les salons du noble faubourg. — Qui donc? la petite Juliette! — Elle est corse, vous savez? — Bigre! je l'ignorais, ah! elle est corse? — Oui, mon cher, corse jusqu'au bout de ses petits ongles rosés. — Merci, mon cher, je penserai à ça. — Vous avez raison, il y a tant d'autres jolies femmes qui sont plus faciles et moins dangereuses. La *vendetta*, ça donne à réfléchir!»

En amour la *vendetta* napolitaine ne dure pas aussi longtemps, quoique plus expéditive. Elle a une grande analogie avec la *méah* des Arabes (vengeance d'amants). Voici comment les *moukères* aiment leurs maîtres.

Un jour, un arabe de Blidah avait acheté deux femmes; l'une d'elles était de la Kabylie, l'autre des *Beni-Assem*, tribu de l'ouest et voisine du Maroc. La première de ces femmes s'était profondément attachée à son maître, et elle n'avait consenti à vivre avec une compagne qu'à la condition de partager seule le lit du maître. L'arabe se plia pendant quelques temps à ses exigences, mais bientôt fatigué de cette sorte de tyrannie, il ne la vit plus. La kabyle rugit de colère, il la frappa, elle courba la tête sans rien dire. Le maître en fut touché et revint à elle, mais enfant rusé du désert, il trompa bientôt sa surveillance et vit sécrètement l'autre esclave. Il avait affaire à plus rusée que lui, il fut découvert. Nouvelle fureur de la kabyle. Que fait-elle pour se venger? elle se glisse, s'introduit adroitement, tandis que le maître est sorti, dans la chambre de la marocaine, la tue, lui coupe la

tête et se met tranquillement dans son lit. Son maître
arrive bientôt, ne s'aperçoit de rien, se couche et s'endort
dans les bras de celle qu'il prend pour sa nouvelle favo-
rite. Le lendemain, il reste frappé d'horreur; le sang
qu'il voit autour de lui lui révèle le crime de la kabyle.
Loin de montrer de la frayeur et du repentir, le visage
riant, elle lui dit qu'elle s'attend à mourir et qu'il peut
la frapper. L'arabe effrayé, craignant pour sa vie, la dénonce à la police. Elle est arrêtée, jugée, condamnée à
mort. Elle subit son supplice d'un air résigné et demande
pour toute grâce avant de mourir de manger un plat de
couscoussou avec son seigneur et maître. Je ne sais si
son lâche amant lui a fait cet honneur

La *vendetta* napolitaine est tout aussi terrible. Une
jeune fille avait été séduite et abandonnée par un jeune
homme d'assez bonne mine qui disparut de Naples et
alla se marier ailleurs. La victime, laissée sans ressource
avec un enfant sur les bras, parvient à toucher la pitié
de quelques âmes charitables, elle eut de quoi vivre,
elle put élever son enfant, qui néanmoins mourut bientôt. Deux ans après elle se maria avec un négociant
espagnol. Les événements de 1848 arrivèrent. Son sé-
ducteur se trouvait alors placé à la tête d'une administration importante dans le gouvernement. Il faut croire
qu'il était né pour faire le mal et pour être haï, puisque
le peuple l'ayant reconnu dans la rue faillit lui faire un
mauvais parti : il parvint à se glisser dans une maison
voisine et ensuite à s'y cacher. Le soir, il pria qu'on fît
venir sa femme et ses enfants. Au moment où il distin-

guait leur pas dans l'escalier, une femme se présentant subitement devant lui, il jeta un grand cri. On accourut; sa femme et ses enfants reculèrent d'horreur à la vue de son corps baigné dans son sang. Il avait reçu deux coups de stylet à la gorge. On chercha l'assassin : il s'était adroitement esquivé. Pourtant on trouva près de la victime une résille de satin noir qu'on reconnut pour être la propriété de la femme du négociant espagnol et l'amie de la maison. De plus, la victime avant de mourir nomma l'assassin Margarita, son ancienne maîtresse. Elle avait aussi un enfant. Elle se sauva avec lui, afin de se soustraire aux poursuites de la justice. Son mari ne put la rejoindre qu'après avoir subi une longue détention.

Au mois de février dernier, une jeune fille fiancée à un jeune homme de la ville, apprend par une lettre qu'elle ne doit plus compter sur lui, qu'il est obligé de se marier avec une autre femme. A cette nouvelle, qui la frappe comme un coup de foudre, elle court chez lui, elle l'aperçoit en voiture en plein jour au milieu de la *Chiaja*. Elle l'arrête, lui demande s'il persiste dans ses intentions, il affirme résolument. A ces mots elle lui plonge dans le cœur un stylet jusqu'à la garde et se laisse arrêter sans manifester la moindre émotion.

LETTRE XVI.

Le Parapluie.

Dans un temps, mon cher Frédéric, un des principaux fétiches du napolitain, après la madone et les saints, c'était son parapluie. Et aujourd'hui même, m'assure-t-on, cet ustensile n'a rien encore perdu de son antique splendeur. Le caoutchouc imperméable américain n'a pu lui faire tort, ni entacher sa vieille réputation. — Le parapluie napolitain est un objet indispensable pour quiconque tient à se faire estimer. — Aussi tous les raffinements du luxe sont-ils mis en œuvre dans son ornementation : tige d'or ou d'argent, pomme artistement ciselée, calotte de satin, franges de soie, rien n'y manque. Un homme sans parapluie est une sorte de cuistre, un vagabond, un personnage du commun. Heurtez sur votre chemin un lazzarone endormi; si vous tenez votre *riflard,* il vous salue avec respect; si vous avez la main vide, il murmure d'un ton méprisant: « ça n'a pas de parapluie!» Un voleur qui *fait* le parapluie est une sorte de Collet. La perte d'un parapluie est un accident du plus sinistre présage; l'achat d'un parapluie, un sujet de réflexions profondes, de courses en tout sens, de renseignements infinis. — Prêter un parapluie est une marque de haute confiance, un service inappréciable; le retrouver quand

on l'a perdu, un motif de reconnaissance éternelle. —
Enfin, il est impossible de se figurer le nombre de gens
que cette industrie fait vivre. — Ce n'est pas que les
napolitains aient — plus que tout autre peuple — une
sainte horreur pour l'eau du ciel; — mais ils ne sau-
raient trop se précautionner contre les torrents que les
toits des maisons lâchent — chaque fois qu'il pleut —
sur la tête des flâneurs imprévoyants, — car les gouttières sont frappées d'une proscription générale. — J'en
voulus savoir la cause et l'on me dit qu'un jour — il
y a cent cinquante ou cent soixante ans environ — une
gouttière mal posée, ou détachée par une averse vio-
lente, tomba sur la châsse de St Janvier, qui passait
processionnellement dans la rue. — A cette nouvelle,
Naples indignée arracha toutes les gouttières. — Je
soupçonne fort un marchand de parapluies d'avoir fait
cette niche au saint, grand bénéfice de son industrie.

Cette honorable corporation possède, dans Naples,
toute l'importance d'un corps régulièrement constitué.
Elle a ses sociétés de secours, ses assemblées men-
suelles, ses médecins, ses aumôniers. — Il ne lui
manque plus qu'un organe de publicité: « *Le Parapluie!* »
et pourquoi non ? Ne serait-ce pas, en effet, une bien
belle allégorie, un bouclier tendu contre la pluie d'abus
et de vexations que le pouvoir peut faire tomber sur
leurs têtes! Ils poussent à l'extrême l'esprit d'association
et sont impitoyables envers ceux qui font mine de
porter atteinte à leurs priviléges. — Tout récemment,
un modeste artisan de Paris qui faisait l'Italie méri-

dionale, vint exploiter l'éventualité des orages naturels
dans cette ville en proie aux orages politiques. -- Il
se promenait dans les rues, vociférant à plein gosier
le cri traditionnel : « parrrrapluie ! parrrrapluie ! » Les
marchands indigènes prêtèrent l'oreille à cette clameur
étrange; virent passer devant leur vitrine ce pauvre
diable qui semblait ne venir à Naples que pour les faire
rougir de leur métier; leur orgueil se froissa ; ils l'ac-
cablèrent de malédictions et d'injures, et ne lui laissèrent aucun repos qu'il n'eût évacué la ville.

Le parapluie napolitain est construit dans des pro-
portions grandioses. -- Par sa gigantesque envergure
il rappelle le *riflard* du bonhomme Pipelet et le *pépin*
de sa vertueuse épouse -- C'est un véritable parasol
chinois, bien différent de ce mignon et coquet parasol
que les anglais ont rendu populaire à Nice. -- Aussi
quelle majesté dans celui qui le porte ! Comme il est
fier d'exhiber cet insigne conservateur !

LETTRE XVII.

De la Presse sous les Bourbons.

Revu et corrigé. — L'Éditeur aux abois. — Le Télémaque de Monseigneur l'Archevêque et les histoires de son Excellence le Ministre des Cultes. — OEuvres complètes du père J. Rossignol. — La Bible ou le livre d'impiétés. — Le Réveil ou la Croix-Rousse. — Ingratitude des journalistes. — Saintes calomnies.

Par ce que je t'ai déjà raconté des us et coutumes des napolitains, tu as bien pu comprendre, mon cher Frédéric, qu'on ne pouvait accueillir favorablement la lumière apportée aux masses par nos livres et nos journaux; aussi de tout temps la presse française a-t-elle été l'hydre à cent têtes, la grosse bête noire des gouverneurs de Naples. Ils employaient toutes sortes de moyens pour lui interdire l'entrée du royaume. En vain maintenaient-ils avec rigueur les taxes postales, les timbres royaux et religieux, il circulait, de temps en temps, un exemplaire d'un journal révolutionnaire, tel que le *Constitutionnel* ou les *Débats!* La police faisait son rapport. On allait aux informations, et si le délinquant était un personnage influent, on ne tolérait son abonnement à la feuille anarchiste qu'à la seule condition de ne pas la répandre dans le public. Un simple particulier voulait-il s'abonner à un journal libéral de Paris, il allait en demander l'autorisation au ministère. La *loi du colportage* l'exigeait ainsi : car, d'après elle, un abonné était un colporteur de nouvelles vraies ou fausses. Il serait curieux de voir les circulaires que le censeur de la presse adressait de temps en temps à ses administrés. Il y en avait qui étaient ainsi conçues : « Veillez à ce que les abonnements aux « journaux étrangers soient accordés avec prudence « et sagesse. »

A Naples, où les lettres et journaux étaient triés, distribués au hasard, on avait la chance de recevoir, douze ou quinze jours après destination, une lettre, un journal quelconque, déchiré ou décacheté, suivant la couleur suspecte qu'ils portaient. Mais en province on y mettait moins de formes. Les délégués du préfet ou du commissaire attendaient l'arrivée du courrier, ou le faisaient attendre. Ils jetaient un rapide coup d'œil sur la masse des dépêches et empoignaient ce qu'ils voulaient. Si, dans l'intervalle d'un mois ou d'une semaine, une personne s'avisait de faire une réclamation à la poste, on la renvoyait à la police ou à la préfecture... Certains pachas au petit pied allaient plus loin : avaient-ils oublié de remettre un journal, un pli décacheté chez le destinataire, ils l'appelaient quand ils le voyaient passer, et le lui donnaient d'un air paternel, comme s'ils avaient fait une bonne action.

L'impression d'un livre était une affaire d'état. Avant de faire composer la copie, il fallait obtenir les visas d'une foule d'employés civils et religieux. Censeurs

politiques, censeurs religieux; ces gens, tant soit peu
lettrés, prenaient largement leur temps; ils laissaient
se morfondre les malheureux éditeurs jusqu'à ce que
leurs hommes de confiance eussent fait pénétrer dans
leur cervelle épaisse l'esprit de l'ouvrage qu'ils avaient
analysé suivant l'avis de leur confesseur. En somme,
le manuscrit soumis à la censure disparaissait sous
une triple couche de crayons rouges, noirs ou jaunes,
et revenait à l'imprimerie à l'état d'hiéroglyphes. On
devine ce que l'auteur et le lecteur devaient y comprendre.

Malheur à celui qui s'avisait de faire composer sans
s'être conformé aux volontés du censeur en chef! On
faisait une descente dans son imprimerie, et on le
poursuivait pour impression et écrits clandestins, délit
mental prévu par les lois de l'Église.

Les ouvrages couronnés par l'Académie, dont monseigneur l'Archevêque et le Ministre des Cultes étaient
les présidents, se tiraient sur papier bénit. L'analyse
de ces catalogues deviendrait trop fastidieuse. Cependant on ne peut omettre ceux-ci: *Les OEuvres complètes
du R. P. Rossignol* dont nous parlerons plus loin, *La
Pomme miraculeuse*, *Le Livre d'or* ou *Le Manuel de St-
Janvier*, *Le Paroissien royal*, *Les Saints Mystères dé-
voilés*. Tous ces livres, ornés de gravures et de contes,
ou ridicules, ou obscènes, se vendaient sur la voie
publique.

J'ai voulu comparer une de ces œuvres avec un livre
français couronné récemment par notre Académie, un

joli livre relié en veau marin et doré sur tranche,
qui est écrit par madame Marie Pape-Carpentier. J'y
ai lu des contes drôlatiques, tels que *Les Noyaux de
pêche, Le petit Oiseau recueilli, A qui sont destinés les
petits chiens*, etc. (1), mais j'ai trouvé que ce livre
couronné par l'Académie française, était un chef-
d'œuvre de philosophie et de littérature comparative-
ment à ceux de l'*Académie napolitaine*.

L'ouvrage le plus curieux paraît être la collection
complète des œuvres de Jean-Joseph Rossignol, jésuite.
Elle contient trente-deux volumes in-18 (2). Elle a été
imprimée à Naples et à Turin, et traduite dans plu-
plusieurs langues. Cette collection renferme les calomnies, les insultes, les menaces et les contes les plus
odieux et absurdes à la fois contre la France, l'Angleterre et les autres pays libéraux. En voici quelques
extraits: *De la Franc-maçonnerie* « Vers l'an 1730,
« trois hommes pénétrés d'une profonde haine contre
« le Christianisme: Voltaire, d'Alembert et le roi de
« Prusse, formèrent une conjuration pour renverser la
« Religion. Ils s'associèrent Diderot qui disait que le
« monde ne serait jamais en paix tant que le dernier
« des rois n'aurait pas été étranglé avec les boyaux du
« dernier des prêtres. Ce furent eux qui formèrent cette
« *maçonnerie* dont la mission est de détruire tous les
« trônes et tous les autels. Ils tiraient leur origine des

(1) Hachette, Paris.
(2) Édition française publiée à Turin.

« chevaliers du Temple, de cette secte détestable qui
« regardait comme vertu tout ce qui tendait au bien
« de leur ordre: les vols, les assassinats, les empoison-
« nements, les parricides, et comme vices, tout ce qui
« s'opposait à leurs vues, comme l'honnêteté, la probité,
« la bienfaisance, etc.»

Plus loin, dans le chapitre *Prophéties sur la France:*
« Lorsque je faisais mes études en théologie à Turin, il y
a 30 ans, *dit l'auteur*, on parlait beaucoup parmi nous de
l'écrit de St Vincent de Paul, laissé bien cacheté en dépôt
dans les mains d'un des seigneurs de la famille d'Argen-
son-Paulmy, qui ne devait être ouvert et lu que cent
ans après la mort du saint, c'est-à-dire vers l'an 1760
ou plutôt 1759. Ma curiosité, plus ardente que celle des
autres, m'engagea à écrire à M. Testeri, que j'ai remplacé
en qualité d'assistant général de notre congrégation. Il
me répondit que l'écrit avait été lu en présence du roi
Louis XV, de M. de St-Florentin, son ministre, du marquis
d'Argenson et de la marquise de Pompadour ; que M. de
St-Florentin, *interrogé par nos messieurs*, avait répondu
vaguement que c'était un testament de quelqu'un de la
famille d'Argenson ; des prières à la S⁺ᵉ Vierge et autres
choses semblables... Reconnaît-on des courtisans à de
pareils propos? Pour moi je suis tout disposé à croire
que le paquet annonçait à ce monarque que sa cou-
ronne allait passer en d'autres mains ; mais Louis XV
ne profita point des menaces du prophète; il continua à
laisser flotter les rênes du gouvernement entre les mains
des philosophes et à vivre dans l'abrutissement et la dé-

bauche...» --On trouve à Rome, dans la bibliothèque de
la Minerve, un livre imprimé bien avant la Révolution :
Commentaires sur l'Apocalypse du prêtre Holthauser,
suédois. *Il divise en sept âges les siècles qui doivent
s'écouler depuis Jésus-Christ jusqu'à la fin du monde.* Ici
l'auteur prouve que les prédictions du cinquième âge,
celui de la Révolution, se sont accomplies de point en
point. Je n'ai point jugé à propos de faire mention des
menaces terribles que le *Liber mirabilis* de St Césaire (1)
contient contre les français et qui les avertissent de
rentrer complètement dans le devoir... Il faut qu'ils tra-
vaillent sérieusement à ramener ces beaux temps où le
père Brée disait d'eux avec tant de grâce et de vérité :
« *graces ubi decet, leves ubi licet.*» Enfin, il termine
ainsi : « Le peuple doit obéir à celui qui est décidément
en possession de l'autorité de quelque manière qu'il y
soit parvenu. Un souverain n'est comptable qu'à Dieu de
l'usage qu'il fait de son pouvoir. Celui qui lui résiste,
résiste à Dieu lui-même. »

L'imagination la plus ardente aurait de quoi se repaître en lisant les autres volumes, pleins de visions, de
miracles, de cures, de prodigieux phénomènes où les
religieuses jouent les rôles principaux et les confesseurs
ceux de comparses.

Les journalistes de Naples ne pouvaient donner de
l'ombrage au pouvoir. Aussi Mazza ne s'occupait-il jamais de chercher son Jouvin. Il n'éprouvait pas davan-

---

(1) Cette édition est des premiers temps de l'imprimerie.

tage le besoin de ces publicistes patentés et brevetés dont la mission consiste à en imposer aux niais par leur impudence, leurs menaces, leurs dénonciations et à faire oublier leur bassesse à force de servilisme. Eunuques et valets qui ne sont insolents et braves à leur manière que sous la livrée. Otez-leur cet habit, il ne reste plus que l'âne dépouillé de la peau du lion. Ces gens-là se retrouvent dans tous les pays où le besoin de la livrée se fait sentir.

Mazza n'avait à redouter que les publicistes étrangers, que les correspondants des grands journaux anglais et français. Mais de temps à autres il leur dépêchait des esprits tentateurs, beautés célèbres dont il tenait le sort entre ses mains; il n'est pas présumable qu'elles aient souvent réussi, puisqu'il fut toujours le but de leurs justes attaques.

Dans les établissements d'instruction publique, Messeigneurs les Evêques et MM. les Chanoines introduisaient tous les fameux livres classiques de la société A. M. D. G. (ad majorem Dei gloriam), signés P. Loriquet et Père Grégoire. Le Télémaque, revu et corrigé et augmenté par ces pères de l'Eglise et de l'Instruction publique, était donné seulement aux élèves de rhétorique (la classe de philosophie y était inconnue.) Un autre Télémaque, caché sous des formes moins profanes, avait été inventé par l'Archevêque à l'usage des plus jeunes élèves. Rien n'était plus amusant que ce livre. Figurez-vous l'histoire de l'Enfant prodigue habillée à la Fénélon; elle commençait ainsi :

« La mère de l'enfant prodigue ne pouvait se consoler
« du départ de son fils. Dans sa douleur, elle se trouvait
« malheureuse d'être mère. Les femmes qui la servaient
« n'osaient, etc. » Ce livre ne put échapper à la critique
de ces jeunes élèves. Un jour, un grand de la classe de
rhétorique soutint que la mère de l'enfant prodigue se
nommait Calypso. Le proviseur, ancien capitaine aux
cuirassiers de la garde, homme d'un piété et d'une igno-
rance remarquable, chassa immédiatement l'élève de
rhétorique et demanda la destitution du professeur qui
avait souffert que ce mot fit le tour de sa classe.

Les livres d'histoire ancienne et romaine étaient dédiés
à son excellence le Ministre des Cultes et de l'Instruction
publique. A Rome, il n'était guère question de Mucius
Scévola, de Brutus ou de Lucrèce. En Judée, encore
moins de Putiphar, de David et de Salomon.

Plusieurs familles avaient pris le parti de soustraire
leurs enfants aux établissements religieux.

A cet effet ils s'étaient adressés à l'ambassadeur anglais, le seul qui eût assez de puissance pour patroner
une institution sérieuse.

Il créa un collége protestant dans sa propre maison.
Mais on lui recommanda de ne pas laisser de Bibles
entre les mains des élèves. Ceux qui osaient en apporter
du dehors furent dénoncés à la police, leurs parents en
reçurent une forte semonce et les prêtres les signalèrent
au prône comme des êtres pervers, comme des déten-
teurs d'écrits diaboliques.

Ajoutons qu'un seul établissement d'instruction publique put se soustraire aux influences malfaisantes du clergé bourbonnien. C'est le pensionnat dirigé par deux français, M. Boubée et son fils aîné.

M. Boubée a épousé une femme grande par l'esprit et le cœur. Cette dame est la sœur de M. Guizot.

Après le départ de Garibaldi, les journalistes dévoués à la cause des Bourbons, se remirent à l'œuvre. Ils firent paraître un journal dont le titre rappelait celui de cet organe qui vécut à Paris l'espace d'un matin, sous le sobriquet de *Caporal de la Presse Française*. Mais le *Réveil* ne réveillait pas l'esprit engourdi des partisans. Ces intrépides de la presse napolitaine s'apercevant qu'ils battaient inutilement la grosse caisse, furent obligés de changer le *Réveil* en *Croix Rousse*. On n'osa dire rouge : c'était trop garibaldien. Aux yeux de tout bon royaliste, ce titre signifiait croisade contre les révolutionnaires. On fit des articles larmoyants sur les persécutions du Piémont contre le clergé, sur les souffrances du peuple, le tout entremêlé de rubriques et d'entrefilets sur le mouvement des insurgés des Abruzzes et des Calabres. Le nom des chefs de bandes et le récit de leurs exploits y étaient insérés en gros caractères. On comprend que de telles provocations ne pouvaient durer. Les patriotes napolitains envoyèrent des délégués au bureau du journal pour protester contre ces menées odieuses. Ces MM. de la *Croix Rousse* s'esquivèrent aussitôt qu'ils les virent entrer dans la cour de l'imprimeur et laissèrent celui-ci seul en face de la députation. Pendant ce temps ils allèrent chez M. Spaventa, ministre de la police, et lui de-

9

mandèrent un poste de garde nationale sous prétexte
que des garibaldiens les avaient menacés de briser leurs
presses. M. Spaventa leur répondit de se protéger eux-
mêmes. Nous cûmes l'occasion de voir ces Messieurs en
notre qualité de *chroniqueur théâtral* de la *Gazzetta del
Popolo* de Naples, qui s'imprimait dans les mêmes ateliers, chez M. Balthazar Borel, rue San-Giuseppe majore,
(Santa Medina). Ils crurent devoir se plaindre à nous et
nous prièrent de les protéger. Nous consentimes à garder les ateliers pendant le jour et la nuit, afin de conjurer
ce danger imaginaire. Personne ne vint, sauf beaucoup
d'ecclésiastiques, que nous engageâmes poliment à rester
chez eux et à s'occuper de leurs ouailles. Ces MM. ne
revinrent plus. Nous entendimes seulement parler d'eux
dans les journaux de sacristie édités à Marseille, Mont-
pellier et Paris, ainsi que dans la correspondance Havas.
Ces organes annoncèrent simultanément, et à trois reprises différentes, que les patriotes de Naples ou les
garibaldiens avaient brisé les presses de la *Croix Rousse,*
saccagé l'imprimerie et mis les rédacteurs en fuite. Tandis que ces calomnies allaient leur train, nous étions
toujours de faction à l'imprimerie de leur journal et du
nôtre. Si jamais nous avons l'occasion de revoir ces
Messieurs, nous les engagerons à se rappeler et à mieux
pratiquer les maximes sublimes du *pater noster.*

LETTRE XVIII.

Le Banditisme.

Les *Squadrilli* et les *Camorristes*.

Depuis Fra-Diavolo, de poétique mémoire, MM. les bandits, voleurs de grands chemins et coupeurs de bourse du royaume de Naples, se montèrent l'imagination. Ils trouvèrent que leur profession avait été indignement calomniée, et que leurs héros méritaient des palmes et des couronnes plutôt que la potence et les galères. Leur audace s'accrut à l'aide des événements politiques qui agitaient l'Europe et qui avaient leur contre-coup à Naples. La police, les troupes royales étant impuissantes à comprimer les mouvements qui éclataient sur tous les points du royaume chaque fois que Paris jetait son cri de liberté, un homme du nom de Mazza, le héros des bastonnades en 1856, s'imagina de les prendre au service du gouvernement; il forma, avec les fameux brigands Campagna et Madalono, les bandes de *Squadrilli*. Tous les membres de cette chevalerie (12,000 environ) dont les hauts faits se comptaient par les vols, les crimes, les attentats les plus extraordinaires, étaient armés officiellement d'une canne à épée dite *sfarzilia* et recevaient un traitement de quatre.carlins (quarante sols). Chaque membre de cet ordre avait une médaille, sur la face de laquelle on voyait la tête du roi avec cet exergue : *costanza e fedeltà al nostro augusto padrone;* sur le revers il y avait l'emblème de la Vierge, et au-dessous : *gloria alla santissima immaculata.* Étrange accouplement ! ma foi.

Outre Campagna et Madalona, ils avaient encore pour chefs Morilla, Merenda et d'Espagnolis. Ils gouvernaient en réalité le pays. Ils arrêtaient les gens sans qu'il existât aucune charge contre eux ; ils les tenaient en prison sans procès, et si, par hasard, un prisonnier était mis en jugement et acquitté, ils le remettait en prison comme suspect.

Lord Elliot, en parlant de ces redoutables *squadrilli,* écrivait à lord John Russel (Naples, 2 mars 1860):

« Je ne puis préciser à votre Seigneurie le nombre
« exact des personnes qu'ils ont arrêtées... mais parmi
« mes amis et connaissances, j'en puis compter cinq,
« tous appartenant aux plus grandes familles... Ce sont
« le prince Torella, le marquis Bella, son frère, le prince
« Campo-Reale, le duc de Porto et le marquis Vulcano.

« Le prince Torella reçut une lettre qui l'invitait à
« se rendre à la préfecture de police ; il le fit, ne se
« doutant de rien, et lorsqu'il y arriva on lui dit qu'il
« était arrêté et qu'il fallait être prêt le lendemain à
« quitter le royaume. Le prince ne fit aucune résistance
« et demanda seulement à retourner chez lui, faire ses
« préparatifs et prendre congé de sa mère qui est fort
« âgée. Cette permission lui fut refusée et il ne put
« savoir non plus de quel crime il était accusé. »

« Le marquis Bella , son frère, a pu échapper à la
« police, mais il a reçu l'ordre de quitter le royaume.
« Le prince Campo-Reale réussit également à se cacher.
« Le duc de Porto et le marquis Vulcano ont été ar-
« rêtés et exilés sans instruction ni jugement. Les deux
« marquis Monte-Rossi, MM. Valla, de Simone, les deux
« MM. de Felippe, ont été exilés de la même manière.
« MM de Felippe sont : l'un, jurisconsulte ; l'autre, em-
« ployé du gouvernement. Tous deux ont de la famille
« et ne la faisaient subsister que par le fruit de leur
« travail. Voilà deux familles sans pain et obligées d'a-
« voir recours à la charité ! !...»

On comprend facilement que ce gouvernement odieux
de *squadrilli* ne pouvait aboutir qu'à une révolution
terrible. Sans Garibaldi, Dieu sait si jamais un seul
d'entr'eux eût eu la vie sauve.

Avant la formation de ces bandes de sbires, on connaissait de longue date les *camorristes*, secte toute aussi
redoutable quoique moins payée, sans doute, parce qu'ils
étaient nombreux. D'après les différents rapports des
gouverneurs, on les évaluait à trente mille dans la ville
de Naples seulement. Le gouvernement de Victor-Emmanuel éprouva de grandes difficultés pour les détruire.
C'est une sorte de *Ste-Vehme* avec ses agents, ses
signes, ses conciles mystérieux Elle conspire aussi bien
contre la vie des particuliers que contre celle des sou-
verains. La religion leur sert aussi de manteau. En
dernier lieu, elle avait imité les sociétés religieuses de
France. Elle avait aussi ses sociétés de St-Vincent-de-

Paul. Un de leurs membres avait-il une difficulté avec
la justice pour un vol ou pour un coup de stylet, il
se mettait à l'abri sous l'invocation de la sainte assemblée. D'ailleurs, ils étaient mieux renseignés que la
justice elle-même. Celle-ci les ménageait quand elle ne
pouvait pas s'en servir. Le ministres de l'intérieur et
de la guerre voyaient de mauvais œil cette contre-
police. Ils soupçonnaient Morilla, Mazza et d'Espagnolis
de manger à deux râteliers. Souvent ils s'en plaignirent
au roi et le prièrent de sévir contre eux. Mais Ferdinand ·lui-même était dominé par eux. « Que voulez-
« vous, disait-il, les *camorristes* et les *squadrilli* sont
« plus royalistes que moi et plus religieux que l'ar-
« chevêque. Il faut les tolérer. Nous en avons tous
« besoin.»

Les événements du 16 mai 1848 confirmèrent ces
tristes paroles : tandis que les troupes commettaient
toutes sortes d'atrocités dans la rue de Tolède, à St-
Ferdinand et à Ste-Brigitte. Ferdinand, renfermé dans
son palais, doutait encore de la fidélité et de la valeur
de ses soldats. Excité par la frayeur, il fit venir les
bandes de *squadrilli* et de *camorristes*, et leur donnant
une bannière bourbonnienne, il leur dit : «Allez, Naples
est à vous ! »

A compter de ce moment, ils firent dans la ville un
carnage plus horrible encore que celui des jours précédents.

Ils fusillèrent vingt-sept prisonniers dans les caves
du Château, en présence du comte d'Aquila, frère du

roi. Le palais Gravina, livré par eux aux flammes, s'effondra sur quatorze autres. Madame Ferrari et les demoiselles Benucci, après avoir payé la rançon de leur honneur, furent violées et assassinées. La fille du marquis Vosclara, enfant de treize ans, fut éventrée à coups de poignards et de baïonnettes. Ange Santilli fut massacré dans son lit. Ce malheureux jeune homme, qui précédemment prêchait au peuple la religion, la liberté, la fraternité, était désigné d'avance aux bourreaux. On chercha sa maison, on enfonça la porte, on envahit la chambre et on fit feu sur tout le monde. Le malade, couché dans son lit, reçut une balle dans le cœur et mourut sur le coup. Sa sœur et ses frères furent tués de la même manière.

.   .   .   .

.   .   .   .

.   .   .   .

Les Napolitains avaient un code de lois civiles, peut-être un des meilleurs de l'Europe ; mais il n'avait aucune valeur, attendu que la police ne mettait aucun frein à son brutal arbitraire. Dans les affaires civiles, un espion, un escroc se voyait-il contrarié par la justice, il trouvait toujours un cas pendable dans la vie de son adversaire, et mettait facilement le juge dans sa manche (1). Quelques exemples entre mille :

____

(1) Un avocat distingué du barreau de Naples, M. Milliano, termine en ce moment un travail intéressant sur la législation de son pays. Dans cet ouvrage il compare les lois piémontaises aux lois napolitaines et fait habilement ressortir les causes des difficultés que la nouvelle administration a rencontrées jusqu'ici.

Un mari renvoya sa femme adultère. Celle-ci, dont l'amant était un squadrillo ou un camorriste, se présenta chez Del Carretto qui la reçut parfaitement et fit emprisonner le mari qu'il condamna à reprendre sa femme ou bien à lui faire une forte pension.

Ce Del Carretto, dont le nom nous tombe sous la plume, était général commandant en chef de la gendarmerie et colonel de *squadrilli*; par conséquent, juges, commissaires, inspecteurs de la police, etc., se personnifiaient en lui. Del Carretto peut se résumer tout entier dans le nom d'une de ses créations: *Commission de la bastonnade*. La bastonnade était une peine que l'on appliquait aux accusés avant toute instruction. Les tortures mêmes n'étaient pas épargnées aux prévenus; on leur administrait l'estropade, les bains de glace en hiver, les piqûres réitérées; on leur arrachait les poils et on les exposait aux douleurs de la faim et de la soif. Les principaux dispensateurs de ces tortures étaient l'infâme Campo-Basso et Joseph de Christoforo, l'âme damnée de Del Carretto.

Ajoutons, pour terminer cette analyse des exploits de Del Carretto, qu'il avait placé son fils, âgé de dix ans, comme trésorier de la caisse d'escompte, avec *cinq cents ducats d'appointements par mois*.

Aujourd'hui les chefs de bandits sont en exil ou en prison, et la majeure partie de leurs hommes est internée dans les îles de Procida et d'Ischia, et en Sardaigne. Le gouvernement actuel a essayé de les ramener au bien. On sait comment ils ont répondu à sa générosité, en réorganisant le *banditisme* dans les Calabres et les Abruzzes. Ce n'est qu'à la dernière extrémité qu'ils ont appelé sur eux de terribles représailles.

LETTRE XIX.

Arbitraire et insolence de la police bourbonnienne.

On peut juger de l'audace et de la moralité de quelques fonctionnaires publics employés de la police napolitaine par l'échantillon suivant :

Un négociant français, dont on pourrait au besoin citer le nom, avait eu dans un café une prise corps à corps avec un fonctionnaire patroné par le roi en personne. Il en résulta une délation et un ordre d'expulsion contre le négociant. Comme celui-ci avait de grands intérêts dans le pays, il fit tous ses efforts pour y rester. On lui signifia pour condition de faire amende honorable au fonctionnaire public. Il refusa net et se disposa à partir. Sur ces entrefaites arriva un autre français qui, peu de jours après son arrivée, ayant rencontré le délateur dans la rue, le reconnut pour un de ses compatriotes condamné au bagne par contumace comme banqueroutier frauduleux. Le négociant en fut averti, il fit aussitôt des démarches en France. Il acquit bientôt les preuves que son homme caché sous un faux nom était bien un porteur de casaque rouge. Il alla, pièces en main, trouver l'ambassadeur français, M. de La Cour, et lui exposa les faits. Le ministre s'empressa d'en faire part au roi Ferdinand. Voici ce que S. M. lui répondit :

« Qu'on me fournisse des preuves palpables, un si-
« gnalement exact et je le livre au gouvernement
« français. »

Il va sans dire que les recherches n'aboutirent à rien.
L'homme à la casaque avait des cheveux bon teint et de
plus il était décoré de deux ordres royaux. Il continua
à marcher la tête haute dans les rues de Naples; mais
il ne parvînt pas à faire déguerpir le négociant.

Toutes ces sortes de créatures se trouvaient dissémi-
nées dans les diverses administrations. On devine les
razzias qu'ils devaient opérer aux dépens des fonds
publics et particuliers. Que pouvaient-ils craindre ?
N'avaient-ils pas le plus bel exemple de dilapidation
venu d'en haut ? Ils savaient tous que la liste civile ab-
sorbait *douze millions* sur le budget des finances qui
s'élevait à la somme annuelle de quatorze millions cinq
cent cinquante trois mille ducats ; de plus, trois millions
sur le budget de l'armée. Total, quinze pauvres petits
millions encaissés au nom de Sa Majesté sans la moindre
contestation. Avec la stricte économie de la Cour (qui
allait jusqu'à voyager aux frais des communes), les
Bourbons de 1816 à 1859 — sauf en 1820 et 1821 — ont
pu mettre de côté chaque année une somme de dix millions de ducats, placée en Angleterre et en Amérique.
Ils auraient donc amassé en quarante et un ans des petits profits s'élevant à quatre cents millions de ducats,
soit environ un milliard sept cents millions de francs !

Cette curée royale mettait nécessairement l'eau à la
bouche de tous les employés, depuis le marmiton jus-

qu'au gros surintendant des menus, depuis le caporal jusqu'au maréchal. Ces MM. de la maréchaussée étaient de vrais vampires. Aussi, quand ils entraient dans une maison sous prétexte de perquisition, était-on sûr de se voir pillé de fond en comble. Heureux encore si l'on n'était point bâtonné par dessus le marché.

Sous la reine Marie-Caroline, un gentilhomme suisse du nom de Salis, vint papillonner dans les salons du palais de Caserte. La reine le remarqua, en fit son écuyer. Plus tard d'autres gentillâtres de la même nation accoururent à sa cour, elle les trouva si nombreux et si aimables qu'elle s'en fit une garde d'honneur, puis une compagnie, puis un bataillon, enfin des régiments. Des bavarois se joignirent à eux. Ils formèrent bientôt dans l'armée un corps formidable. Les soldats napolitains, pour se venger de l'affront qu'on leur faisait, ne distinguèrent plus leur reine que sous le nom de *Suissesse* et de *Bavaroise*. Un jour une rixe sanglante eut lieu dans un café, les mercenaires eurent le dessus, et afin de célébrer cette victoire et de venger la reine, ils inventèrent la *suissesse* (1) et la *bavaroise* (2), qu'ils vinrent boire tous les jours à la barbe des soldats indigènes.

De tous les officiers suisses connus à Naples, il n'en est pas de plus odieux que Wittenbach. Ce soldat féroce commandait les troupes bourbonniennes à Carini pendant l'expédition de Garibaldi. Après avoir fait piller, saccager et incendier la ville, il donna ordre à ses soldats de

(1) Mélange d'absinthe et de sirop.
(2) Sirop mélangé avec de l'eau ou du lait bouillant.

massacrer, même sur les autels, femmes, vieillards, enfants.

Il y a de certains romans qu'on ne devrait pas laisser entre les mains des enfants, je dirai même des grandes personnes. Les *Mousquetaires* d'Alexandre Dumas sont de ceux-là ; non pas qu'ils soient dangereux au point de vue moral et littéraire, tant s'en faut. Mais ils sont perfides en ce sens qu'ils exaltent les imaginations et font des mousquetaires de gens très-pacifiques et nés seulement pour auner la toile ou pour faire des conquêtes dans les coulisses.

Pendant la dernière campagne, l'Italie vit arriver chez elle quelques-uns de ces héros espagnols, ou de ces faux mousquetaires. Comme ils paraissaient plus faux que dangereux, la police ne les inquiéta point. Pourtant leurs excursions continuelles de Civita-Vecchia et de Marseille à Naples, et à Messine, obligèrent les autorités à les surveiller de près. On les laissa faire. Deux des plus intrépides firent imprimer secrètemet des proclamations, des brevets, des listes d'enrôlements et formérent leur petit gouvernement provisoire en attendant que les défenseurs de Gaëte eussent remporté une victoire complète. Mais ni les hommes, ni l'argent ne venaient. Trois ou quatres qu'ils croyaient très-sûrs, s'étaient déjà enfuis avec les fonds du denier de St-Pierre. Il ne leur restait plus pour ministre qu'un domestique, ex-larron de la *Camarilla*, qui les grugeait à qui mieux mieux. Lorsqu'ils furent fatigués de se voir exploités, ils le démissionnèrent. Le futur ministre se vengea en allant

porter leurs papiers d'État à la police. Le délit était
palpable, on mit la main sur les deux mousquetaires
et on leur fournit deux gendarmes pour escorte d'honneur jusqu'à la frontière. Quelle triste fin pour des gens
qui avaient rêvé le rôle de Monck ou de Wellington !

Une autre bande de royaux, allemands et autrichiens,
arrivèrent près de Messine avec l'intention de s'intro-
duire dans la citadelle. Leurs officiers descendirent mys-
térieusement à terre et attendirent des envoyés de la
citadelle. Personne ne vint, ils s'en retournèrent, mais
leurs hommes ne voulurent plus les recevoir ; le fameux vin de Capri les ayant mis en belle humeur, ils
forcèrent les marins de les mener au port et de les
débarquer, afin de fraterniser avec les habitants d'un
pays si célèbre en vignobles.

Parmi les transfuges qui arrivaient chaque jour de
Capoue et de Gaëte et même de Rome, il y eût un
nègre que son maître, général bourbonnien, avait forcé
à le suivre dans le camp du roi. Pantalone, c'était son
nom, recevait force bastonnade. Il n'en était pas plus
fidèle et pas moins déterminé à profiter de la première
occasion pour revenir à Naples, au milieu des *lazzaroni*
qui l'avaient élevé. De Gaëte il parvint à gagner Rome
où il s'enrôla dans les zouaves pontificaux. Les coups
de bâton pleuvaient toujours, il se sauva dans les
Abruzzes, au milieu des brigands. On le frappa de
plus belle, il chercha à gagner le chemin de Naples.
Il se sauva, on le reprit, on le jeta tout nu dans une
prison avec la promesse de le fusiller au chant du

coq. Ce chant du coq, Pantalone no se souciait pas
de l'attendre dans sa prison, il crocheta la serrure
puis, avant de s'enfuir, assassina le geôlier, afin de
lui reprendre une épinglette et une calotte bénie qu
venaient du pape, seules reliques qui lui fussent chères
et qu'il montra avec orgueil à l'admiration de ses amis
les *lazzaroni*, lors de son retour à Naples. Ce qui n'em-
pêcha pas Pantalone de se faire tuer bravement avec
l'épinglette et la calotte du Saint-Père.

LETTRE XX.

Quelques lignes sur l'expédition de Naples.

Beaucoup de nos grands peintres sont allés, mon cher Frédéric, chercher des inspirations sur les champs de bataille. Après avoir vécu de la vie de soldat, après avoir admiré, selon l'expression énergique de Proud'hon, la sublime horreur de la fusillade et secouru les blessés, les mourants; après avoir croqué, saisi d'un rapide coup d'œil les scènes pittoresques, les lazzis piquants de nos troupiers qui savent si bien mêler les lauriers de Mars à ceux de la gibelotte, ils livrent à notre admiration des toiles vivantes, pleines d'originalité, de couleurs séduisantes et variées: zouaves, voltigeurs, grenadiers, dragons et hussards, tout cela sabre, boit, mange, fume et danse avec un entrain comique, avec des poses des plus audacieuses. Ici, une vivandière qui fait la barbe à un cuirassier ; là, un zouave qui plante son drapeau sur les remparts d'un fort et s'aperçoit seulement à cet instant qu'un biscaïen lui a fracassé le bras depuis cinq minutes. Un camp, une charge de cavalerie, une bataille où l'intrépide soldat, revêtu des costumes les plus brillants, fascine, éblouit l'œil du spectateur. Un peintre qui aurait jeté, au hasard, l'esquisse d'un camp des volontaires au siége de Capoue, n'eût pas manqué de produire une œuvre curieuse et qui formerait un contraste frappant auprès de ces célèbres tableaux que le gamin de Paris appelle la *Galerie des Combats*.

L'armée des volontaires formait un coup d'œil aussi pittoresque que bizarre. Chaque province de l'Italie avait fourni son contingent de patriotes vêtus du costume national. On reconnaissait le bataillon des Vénitiens à leur feutre noir et gris orné de plumes, fièrement posé sur le coin de l'oreille; les Catalans, les Siciliens, à leur petit chapeau pointu, aux formes exigües, entouré de rubans verts et rouges; le Romain, à son petit caban noir retenu autour des reins par une ceinture rouge. Le Napolitain, à sa tunique bleue ou brune au passepoil violet; le Génois, à sa veste gris de fer aux brandebourgs noirs. Le Florentin, le Parmesan, le Modénais se distinguaient par leur képi noir à bande rouge. Le reste portait la chemise rouge et le képi avec passepoil vert.

Il y avait en outre de beaux cavaliers et fantassins hongrois vêtus comme de fringants hussards : veste marron sillonnée de galons et brandebourgs rouges. Tout un régiment anglais habillé de toile grise, collet vert et képi rouge, des suisses portant l'ancien uniforme du roi. Les officiers n'avaient d'autre distinction que le sabre et le képi galonné d'or ou d'argent.

Parmi les patriotes italiens groupés autour de leurs chefs de division ou de brigade, on retrouvait des jeunes gens dont le nom seul inspirait le respect : Menotti, le fils aîné de Garibaldi, qui avait risqué plu-

10

sieurs fois sa vie dans les combats pour sauver celle
de son père; le fils de Manin, blessé à plusieurs reprises,
sans qu'il abandonnât d'un seul instant les rangs de son
bataillon ; César Orsini accouru des pampas de l'Amérique du Sud pour servir son pays: à dix-neuf ans il avait
déjà traversé seul, sans aucune escorte, les tribus indien-
nes qui séparent la Plata des Andes de l'ouest ; un jour
saisi comme espion, condamné à être scalpé et écorché
vif, il avait été sauvé par une jeune fille ; une autre fois
il s'était vu ramassé mourant par un indien qui l'avait
soigné et reconduit dans une tribu amie ; tantôt ouvrier,
journaliste, tantôt chasseur et soldat. Il avait aussi servi
pendant la campagne de 1859. Attaché à l'état-major d'un
général français, il reçut un jour d'un officier une de
ces insultes qui ne se lavent qu'avec le sang. Un duel
eut lieu. Orsini essuya le premier feu de son adversaire,
après quoi il tira en l'air. Belle leçon donnée à celui qui
l'avait provoqué en réveillant des souvenirs qui restent
seulement gravés dans le cœur des bourreaux !

Les dames napolitaines fournirent aussi leur contingent à cette héroïque cohorte. Inspirées par cette grande
figure du vainqueur de Palerme, leur cœur courut à sa
rencontre bien avant qu'il apparût aux portes de Naples,
sur les rivages mêmes de la Sicile. Ce n'était pas seulement des couronnes et des guirlandes qu'elles tressaient
pour poser sur la tête du libérateur et de ses vaillants
soldats; elles voulaient partager leur gloire et leurs dangers. Plus d'une jolie griffe glissa secrètement sous son
corsage le petit poignard ciselé qui devait frapper les

soldats ennemis. Elles battirent publiquement des mains lorsqu'elles les virent sortir de Naples. Dames de qualité, bourgeoises et femmes du peuple, toutes célébrèrent avec enthousiasme la délivrance de la patrie et l'arrivée de Garibaldi. Ce nom était encore plus dans leurs cœurs que sur leurs lèvres, car rien ne pourrait dépeindre leurs transports frénétiques à la vue des chemises rouges toutes souillées de boue et de poudre.

La pâle voyageuse emportait à ce siège un assez grand nombre des nôtres. La mitraille ne lui suffisait pas. Des symptômes de typhus échappés du cloaque où se trouvaient campés les soldats, commencèrent à se déclarer dans les hôpitaux. Quelques gardes nationaux tremblant sur le sort de leurs enfants n'osèrent en approcher. Le bruit courut que le typhus y faisait de grands ravages. Les blessés et les malades se croyaient abandonnés de tous excepté de leurs camarades. Alors, spectacle sublime! ils virent entrer des êtres qui semblaient descendre du ciel. Les dames napolitaines, suivies d'autres compagnes anglaises et françaises, apportèrent toutes espèces de remèdes aux plaies du corps et de l'âme. Elles parcoururent les salles, s'arrêtèrent au chevet des blessés et des malades. Quelles expressions et quelle plume pourraient dépeindre la scène suivante! Un jeune homme, presque un enfant, grièvement blessé, devait subir l'amputation d'une jambe. Avant l'opération, il prend la main de l'une d'elles et lui dit : « Laissez-moi tenir votre main dans la mienne, je suis sûr que je ne sentirai rien. » L'opération fut de courte durée, l'enfant fut sauvé, son ange gardien en pleura de joie.

Après avoir obtenu quelques avantages sur les bords du Volturne, une compagnie de volontaires se trouvait en face d'un poste important de royalistes défendu par plusieurs pièces de canons — Les napolitains comprenant l'avantage de cette position, s'apprêtaient à en faire, pendant la nuit, une défense formidable.— Les volontaires avaient plusieurs fois tenté l'attaque mais sans succès.

La comtesse D.... se trouvait dans leurs rangs, abritée sous le toit d'un feuillage épais de figuier, elle se débattait contre les attaques d'un accès de fièvre, elle avait soif et demandait de l'eau : tous les bidons étaient vides.

« De l'eau ! de l'eau ! une goutte d'eau pour elle ! » s'écriaient les volontaires avec désespoir. Personne n'en possédait ; il fallait regagner le bivouac bien loin de là et le Volturne était à deux pas, le Volturne, défendu de l'autre côté par le canon des royalistes ! Il n'y eut qu'un cri. « En avant ! en avant ! » Ces nobles enfants italiens, français et anglais coururent à l'ennemi.— Un quart-d'heure après la position était enlevée, le drapeau vert et rouge, l'étendard national, flottait de l'autre côté du fleuve aux yeux étonnés de l'armée garibaldienne.

Parmi les italiens on ne saurait manquer de citer le baron de Santa-Croce. Il descendait du célèbre statuaire dont on admire les œuvres dans les principales églises de Naples. Patriote éprouvé, il avait plusieurs fois versé son sang pour la liberté de son pays et avait acquis dans les rangs de l'armée une réputation de bravoure exquise. Rome et Venise esclaves avaient produit sur son esprit une impression funeste, tout fait présumer qu'il s'est tué de désespoir comme Teleki, morts illustres qui méritent plus de pitié que d'admiration !

Quelquefois ce charmant capitaine venait surprendre les soldats au bivouac et leur offrir le café ou le thé. Le jour de l'arrivée du bataillon anglais, le capitaine, suivi d'un brillant état-major, conduisit les nouveaux débarqués au bivouac de Santa-Maria ; il va sans dire que le thé les y attendait, mais un thé horrible. Son épouse n'osait le laisser boire. — Pourtant les anglais le burent sans sourciller et avec ce flegme qui les caractérise.

Elle voulut les imiter ; à la première gorgée elle se sentit prise de nausées violentes. « Maudits napolitains!» s'écria-t-elle, en jetant la tasse loin d'elle ; -- « figurez-vous, messieurs, » ajouta-t-elle en s'adressant aux anglais, que « mon muletier a eu la maladresse de s'égarer et de laisser prendre mes provisions par les royaux. -- Tout mon thé est entre leurs mains ; à l'heure qu'il est ils doivent le boire à notre santé.-- N'est-ce pas déplorable, gentlemen ! »

« My God ! ils ont osé voler une lady. Oh *shocking !* » s'écrièrent les anglais.--«Veuillez m'excuser, comtesse,» s'écria le colonel S..., en élevant sa tasse à la hauteur de ses longs favoris -- « Je jure de ne pas me reposer avant d'avoir repris vos caisses de thé à ces gueux impolis, ces mal appris qui sont campés dans Capoue.»

. . . .

«Non, non, » dit-elle, « je ne veux pas que vous vous exposiez pour une caisse de thé » — « Je l'ai juré, venez

gentlemen; » — « Adieu, madame ! » Il sortit sans vouloir
en écouter davantage; le soir même, le colonel demanda
dans sa légion tous les hommes de bonne volonté qui
voulaient aller avec lui à l'attaque du lendemain. Toute
la légion s'offrit à marcher comme un seul homme . .

. . . .

Les caisses furent reprises presque intactes. Étrangers
et nationaux purent savourer à leur aise le thé préparé
des mains de leur gracieuse hôte.

Les gardes nationaux et la fleur de la jeunesse napolitaine, les écoles et quelques ecclésiastiques même
avaient aussi renforcé les assiégeants. Tous ces soldats
formaient un rempart solide entre Capoue et Naples.

A l'heure convenue ils allèrent au feu , le colonel S.
reçut, à la première décharge des royalistes, une balle
dans le gras de la jambe; il tomba en disant : « Pauvre
comtesse! je le lui avais pourtant juré.» — Ce jour là on
ne prit point Capoue, mais on ne fit pas moins des pro-
diges de valeur.

Dans les rangs de cette légion se trouvaient quelques
fils de famille cachés sous des noms obscurs: *Dole* était
le synoyme de Lord V., *Richill* celui du marquis de B...,
Neason, celui de sir Walter D..., et *tutti quanti*; plusieurs n'avaient point d'autres noms que *Inglese I, Inglese II*, etc. — C'est ainsi que l'aristocratie anglaise
payait son tribut à la cause de la liberté italienne . .

. . . .

. . . . , ...

APPENDICE.

Les mendiants à Naples.

En supposant que Naples fût la plus belle ville du monde, elle serait encore une détestable ville tant qu'elle sera remplie de cette immense quantité de mendiants, le fléau et la plaie de toutes les villes d'Italie.

Comment, en effet, décrire cette misère atroce? Entre-t-on dans une maison, vingt bonnets se tendent à la porte. — On ne peut faire un pas dans la rue sans être accosté par une femme ou un homme qui vous offre un bouquet de fleurs flétries, desséchées, ou une boîte d'allumettes chimiques, excellent prétexte pour vous *faire* votre montre ou votre foulard.

Des femmes souvent vêtues de soie noire, en chapeau de velours, et voilées vous demandent, avec effronterie, à la porte des établissents publics — en pleine rue.

Des hommes que vous prenez pour des pauvres honteux implorent votre assistance en vous parlant à l'oreille, et vous montrant non loin de là une jeune femme cachée dans l'angle d'une porte. . . . . ,

. . . .

Des milliers d'estropiés vous montrent leurs bras, leurs jambes, dont ils ne peuvent se servir, d'autres n'ont plus de nez, ou bien sont rongés par les chancres ; des enfants, quelquefois même des hommes à moitié nus, rampent en gémissant dans la boue ; des mères étiques sont étendues sur votre chemin et tiennent sur leurs genoux des petits enfants déguenillés comme elles et qui poussent des cris lamentables.

A l'église ils se traînent devant vous à genoux et vous offrent de l'eau bénite. Dans votre demeure vous n'êtes même pas à l'abri de leurs importunités.

Ouvrez-vous la fenêtre, ils vous tendent le chapeau aussitôt qu'ils vous aperçoivent ; mais dans les auberges, les cabarets, les tavernes, c'est une véritable procession de femmes, d'enfants, de vieillards ; la plupart vous attraperont par le pan de votre habit si vous ne leur donnez pas.

Les divers parias de la cité napolitaine se divisent à peu près en trois classes, chacune reconnaissable à la couleur spéciale du bonnet.

Le bonnet rouge à la *mazaniello* représente la classe des pêcheurs et des bateliers. Celle des *facchini* ou porte-faix porte plus généralement le bonnet chocolat. Enfin, les repris de justice et les mendiants sont assujettis à porter un bonnet jaune. Ces trois classes sont distinctes et ont chacune des traditions qu'elles tiennent à con-server.

Il n'y a pas de danger qu'un bonnet rouge fraie avec un bonnet chocolat et encore moins avec un bonnet jaune. Par représaille, sans doute, le bonnet chocolat ni le bonnet jaune ne fraient pas davantage avec les bonnets rouges ni entr'eux.

Leur rencontre est quelquefois même une source de disputes et de luttes.

Quelles mœurs! quelles habitudes! quelles gens! Cependant une ère nouvelle s'offre au peuple napolitain, désormais inséparablement uni à la grande famille italienne.

L'instruction pénètre dans les masses ; le travail sera pour lui une source féconde de prospérité et dans un temps qui ne saurait être éloigné, Naples ne laissera presque plus rien à désirer au point de vue moral et du bien-être de sa population. Ce sera alors que contemplant ces peuples devenus riches par une instruction libérale et par le travail, — le plus saint des devoirs, — avec les avantages tout exceptionnels de son ciel azuré, de sa mer amoureuse et des magnifiques produits de son sol enchanté, on pourra répéter avec plus de vérité que jamais : *Veder Napoli, poi morir !*

TABLE DES MATIÈRES.

www.ingramcontent.com/pod-product-compliance
Lightning Source LLC
Chambersburg PA
CBHW072109090426
42739CB00012B/2900